CHINA'S MEGA PROJECTS
中国超级工程丛书

CHINA HIGH SPEED RAILWAY
中国高铁

聂震宁 总顾问
陈 馈 王江卡 周 蓓 主编

河南科学技术出版社
·郑州·

“中国超级工程丛书”编委会

前言 PREFACE

有这样一些工程被誉为“超级工程”，它们通常规模宏大、技术复杂，一般应用多项突破性的科学技术，而且在所建造的时代，它们具有代表性和象征意义。

“超级工程”推动了社会的发展，甚至成为一个国家国力强盛的标志，影响深远。

如今，中国的“超级工程”，因其建设的难度大、速度快、科技含量高，已引起世人的高度关注。

为了把这些体现中国人智慧的“超级工程”展现给广大的小读者，“中国超级工程丛书”编著团队从小学高年级学生和中学生的视角出发，从专业的工程建设信息中筛选出小读者感兴趣的知识点，让小读者在阅读中感受“超级工程”带来的震撼，了解这些了不起的工程背后的有趣故事。

读以致用、读以致知、读以修为、读以致乐，通过令人耳目一新的阅读之旅，小读者可以了解当今中国先进的制造业、国际领先的设计水平、无与伦比的施工效率，以及高性价比的产品和服务。阅读这套丛书可帮助小读者树立科学信念与志向，发扬锲而不舍、勇于实践、乐于协作的科学精神。

“超级工程”也凝结了无数建设者的智慧和汗水。小读者捧起这套丛书，从字里行间就能体会到他们百折不挠、不畏艰辛的精神，严肃谨慎、精益求精的态度。而这些让人敬佩的建设者也深深感动着、激励着编著团队！

此外，这套丛书还有丰富、精美的插图，它们能生动地解析复杂的科技原理，把生涩难懂的内容变得鲜活有趣。

阅读这套图文并茂的工程科普图书，可以让小读者化身小小建设者，发现工程建设中的各种挑战，跟着工程师们一起，突破自我、勇敢前行！

CONTENTS
目录

从引进国外技术，到中国自主研发，复兴号成为中国高铁工程师独立创造出来的首批杰作。

从『模仿』到最终超越西方的高铁技术，我们用了不到20年的时间，成功迈出了从追赶到领跑的关键一步。

正是中国工程师这种不畏艰辛、勇于创新的精神，才造就了中国高铁——复兴号。

第一章 『红神龙』复兴号

复兴号的诞生

复兴号上线运营

高铁，即高速铁路的简称，指列车行驶的高速铁路线。根据国家铁路局对高铁的定义，现在高铁的意思更为广泛，广义上，包含高速铁路领域下的众多系统，铁路轨道、高速列车和其他。

2017年6月25日，中国标准动车组被正式命名为“复兴号”，26日在京沪高铁正式双向首发。

提起中国高铁，人们首先想到的是和谐号与复兴号，尤其是复兴号，它的问世，代表着中国高铁技术一跃达到了世界领先水平。

最先研发出来的两款实验速度达400千米/时的复兴号，就是名噪一时的CR400AF型电力动车组“红神龙”（简称“红神龙”）与CR400BF型电力动车组“金凤凰”（简称“金凤凰”）。

中国高铁走的是“引进、消化、吸收、创新”的道路，和谐号动车组大部分工作有国外技术团队参与，或是技术引进，或是联合设计生产。复兴号则从软件到硬件都是由中国自主设计制造的，拥有完全自主知识产权，是地道的“中国创造”。

由于知识产权的转变，复兴号随之诞生。

“红神龙”和“金凤凰”两款样车具有自主知识产权，这对中国有着特殊的意义，标志着在高速铁路领域，中国从此迈进了自主创新的道路。

2015 年 6 月至 2016 年 10 月间，标准动车组在国家铁道试验中心，郑徐（郑州到徐州）高铁等地完成了各项动车组考核和科学试验。

2017 年 6 月 25 日，中国高铁动车组的新成员——复兴号诞生，并举行了隆重的揭牌仪式。按照新的动车组编制规则，新型自主化动车组型号均采用“CR（China Railway，中国铁路）”开头。

你知道吗？

复兴号信息

中文名：复兴号电力动车组

首发日期：2017 年 6 月 26 日

早期车型：CR400AF、CR400BF

最高运营速度：350 千米/时

样车交会

2016 年 7 月 15 日，在郑徐高铁上，两列样车以 420 千米/时的速度完成了会车试验，这是中国乃至世界上，高速动车组最高时速的交会。

在“红神龙”和“金凤凰”的车身上分别标有 CR400AF 和 CR400BF 的代码，这些代码分别代表什么意思呢？

技术类型

F——动力分散型

J——动力集中型

子型号

A——第一款技术改进车型

B——第二款技术改进车型

……

G——高寒动车组

CR400AF-A

生产厂商

A——中车青岛四方生产

B——中车长客生产

中国铁路

“CR”是“China Railway”的缩写，意为“中国铁路”。

速度等级

最高速度可达 400 千米/时（实际运营最高速度 350 千米/时）

车身代码说明图

复兴号速度等级

复兴号有三种速度等级的车型，分别为 CR400、CR300、CR200，其中数字表示最高时速，而实际运营最高速度分别对应 350 千米/时、250 千米/时和 160 千米/时，用以适应高速铁路、快速铁路和城际铁路。

CR 400/300/200

你是不是有一个疑问，到底多快的速度才能被称为“高铁”呢？

国际上认为：新建铁路线，列车能以 250 千米/时及以上的速度运营；既有铁路通过改造后，列车能以 200千米/时及以上的速度运营，就可称之为“高铁”。

根据高速列车的定义，和谐号与除了“绿巨人”的复兴号都属于高铁。

“绿巨人”——复兴号 CR200J 型电力动车组的实验时速达到 200 千米，但是最高运营时速为 160 千米，“绿巨人”虽然是复兴号动车组，但速度还没达到高铁要求的级别。

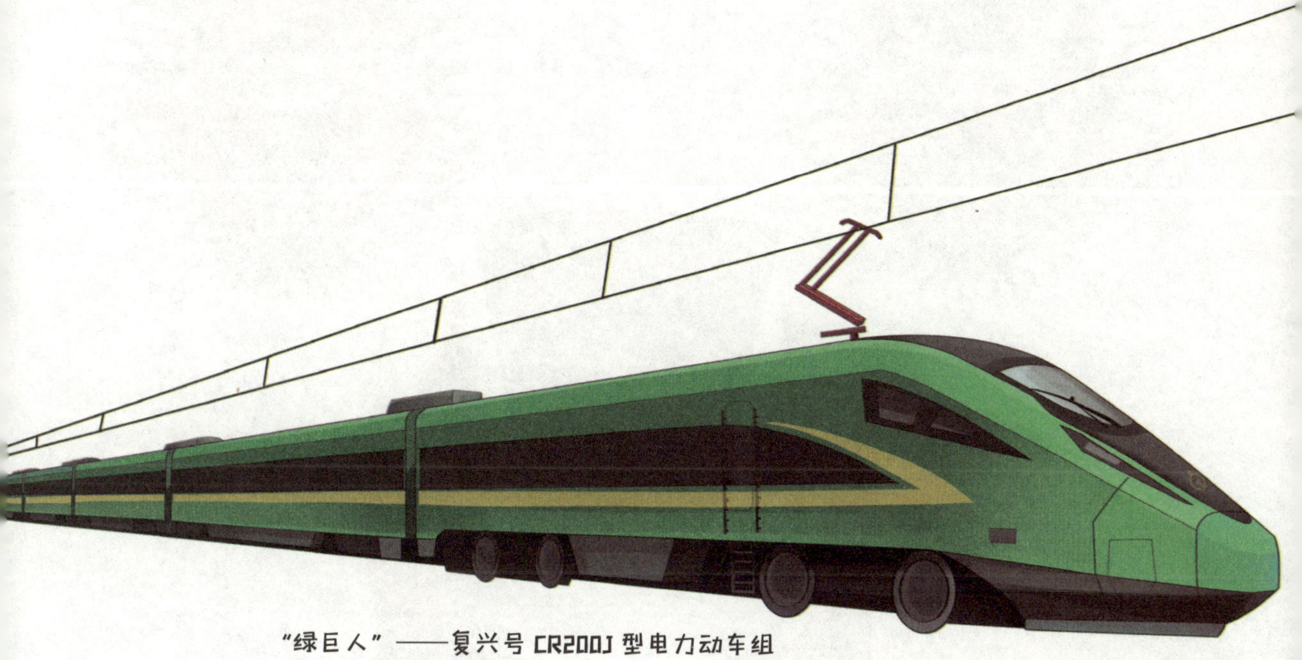

“绿巨人”——复兴号 CR200J 型电力动车组

你知道吗？

走出国门的中国高铁

具有完全自主知识产权的中国高铁已走出国门，惠及海外，如土耳其安伊高铁、印尼雅万高铁等。中国高铁以其卓越的品质成为国家名片之一。

其中中国与印度尼西亚合作的高铁项目——雅万高铁，是使用中国整套高铁技术的国外项目。

雅万高铁于 2018 年开建，建成后它将成为东南亚首条设计最高速度达 350 千米/时的高铁，这也将使从雅加达到万隆的行驶时间由原来的 3 小时多缩短至 40 分钟。随着“一带一路”倡议的深入实施，中国高铁技术也将造福更多国家。

“红神龙”复兴号的前身

在外观设计上，“红神龙”复兴号一改和谐号的模样，由中国古代神话中“龙”的形象设计而来，非常具有中国特色。

“红神龙”复兴号外观设计的灵感来源于“龙”。

“红神龙”复兴号

和谐号

“蓝海豚”和谐号的正面

中国高铁的发展速度是惊人的，也许你不知道，“红神龙”其实是“蓝海豚”和谐号“变”过来的。

“蓝海豚”和谐号的侧面

“红神龙”复兴号的正面

平顺的外形

相比和谐号，复兴号整个车体非常平顺，采用全新低阻力的流线型头型和车体平顺化设计，让车身线条看起来更流畅、优雅。

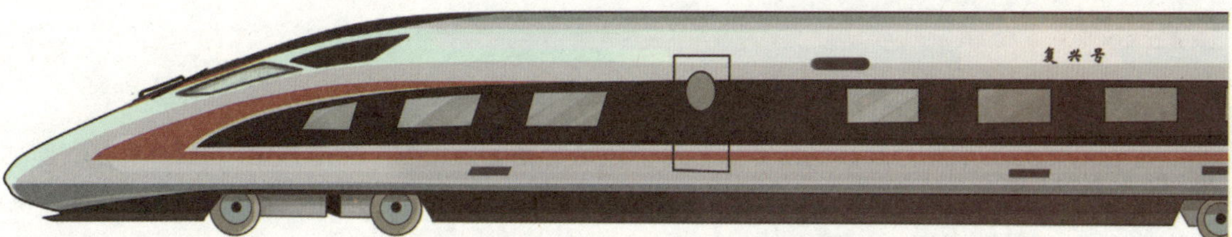

“红神龙”复兴号的侧面

从和谐号到复兴号

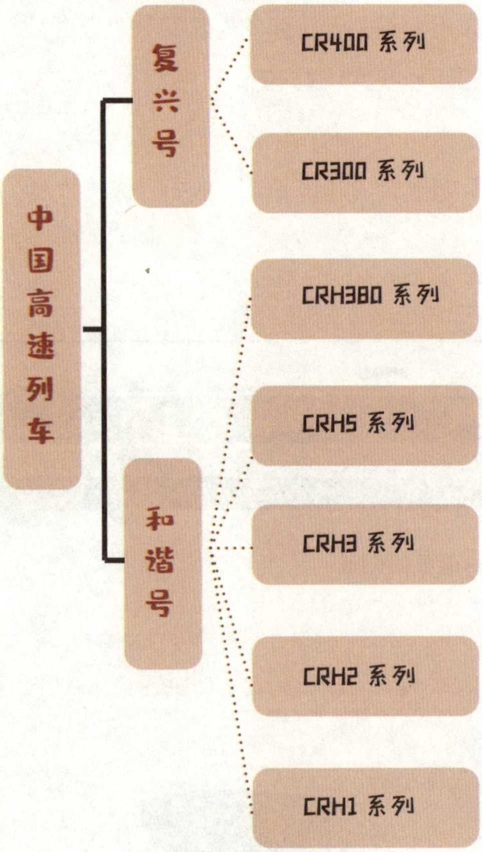

相信大家对复兴号的“身世”十分好奇，复兴号与和谐号到底有什么关系？只有了解了复兴号与和谐号的由来，才能更深入地感受复兴号身上那些科技创新的意义。

这要从 2007 年中国铁路第六次大提速之前说起。这次提速之前，中国列车速度还不快，很难突破 200 千米/时，但是中国铁路客运需求量又是巨大的。

为了改善人们出行的条件，提高列车的速度，中国决定对列车提速。彼时中国的高铁发展刚刚起步，想要在高铁发展初期快速提速，就需要从国外引进先进的技术。

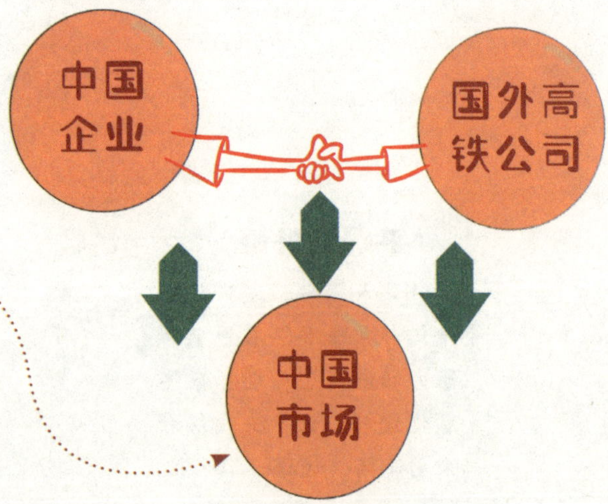

被看好的中国市场

中国市场是巨大的，当时国际上各大咨询机构一致认为，在高速铁路方面，中国会成为未来世界上超大的高铁市场，所以世界上那些掌握先进高铁技术的公司，想抓住此次机会进入中国的高铁市场。

现在回头看，中国高铁的发展之路是极其成功的，初期我们不只买产品，重点在于要引进高铁技术。

除了引进技术这一关键的操作外，中国高铁科研团队的凝聚力和战斗力更令人称赞。

在和谐号的研制方面，高铁的核心技术还是遭到国外公司的刻意保留。当时 50 多名院士领头，各大高校的科研人员迎难而上，在核心技术上下足了功夫，仅用了几年的时间，使中国高铁动车组从无到有，跨过了其他国家几十年的发展道路。

引进国外技术后，中国生产出来了和谐号。

和谐号

和谐号开头代码“CRH”是“China Railway High-speed”的缩写，意为中国铁路高速（列车）。

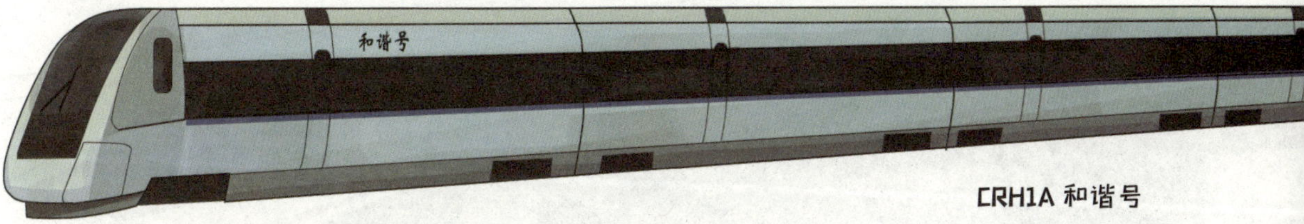

CRH1A 和谐号

CRH2A 和谐号

CRH3C 和谐号

CRH5A 和谐号

和谐号虽然投入运营，但是使用了大量的国外技术，不能算是中国“自己”的。

中国科研人员在掌握了和谐号技术的基础上，通过更深入的研究与创新，才研制出来复兴号。从学习到创新，复兴号的诞生是一个水到渠成的过程。复兴号展示了中国发明、创新的能力。

标准化复兴号动车组

读到这里，你是不是对中国高铁竖起了大拇指？！复兴号的诞生让国人扬眉吐气、为之骄傲。

那么复兴号相比和谐号来说有什么区别呢？

复兴号对牵引系统、制动系统（刹车系统）等方面进行升级，通车运行非常平稳，舒适度、安全性更高；和谐号使用寿命最多只有20年，而复兴号的使用寿命则为30年；轨道铺设与车体使用的原材料方面，复兴号比和谐号的要求更为严格；复兴号更加注重节能环保；复兴号外观要比和谐号更具有流线型，更为美观；复兴号的速度比和谐号更胜一筹……

你知道吗？

为什么中国火车靠左侧行驶

当我们乘坐中国火车的时候会发现，火车都是靠左侧行驶的，这很让人好奇，中国公路上的汽车都是靠右侧行驶，为什么火车偏偏靠左侧行驶呢？

关于这一现象最具说服力的说法是：火车靠左侧行驶其实是一个习惯。因为中国早期的铁路有很多是英国人修建的，而火车靠左侧行驶这一习惯随着中国铁路网越建越密，就保留了下来。

但以上这些都不是复兴号与和谐号最大的区别，两者最大的区别其实是——复兴号可以互联互通。

复兴号另一个学名，叫中国标准动车组。复兴号实现了标准化，不同厂家生产的车辆可以互联互通。要知道这可是重大改变呢！——和谐号众多系列车型互相之间是不能通用的。

互联互通后，“红神龙”和“金凤凰”还能通过“碰撞吸能”实现重联运行。

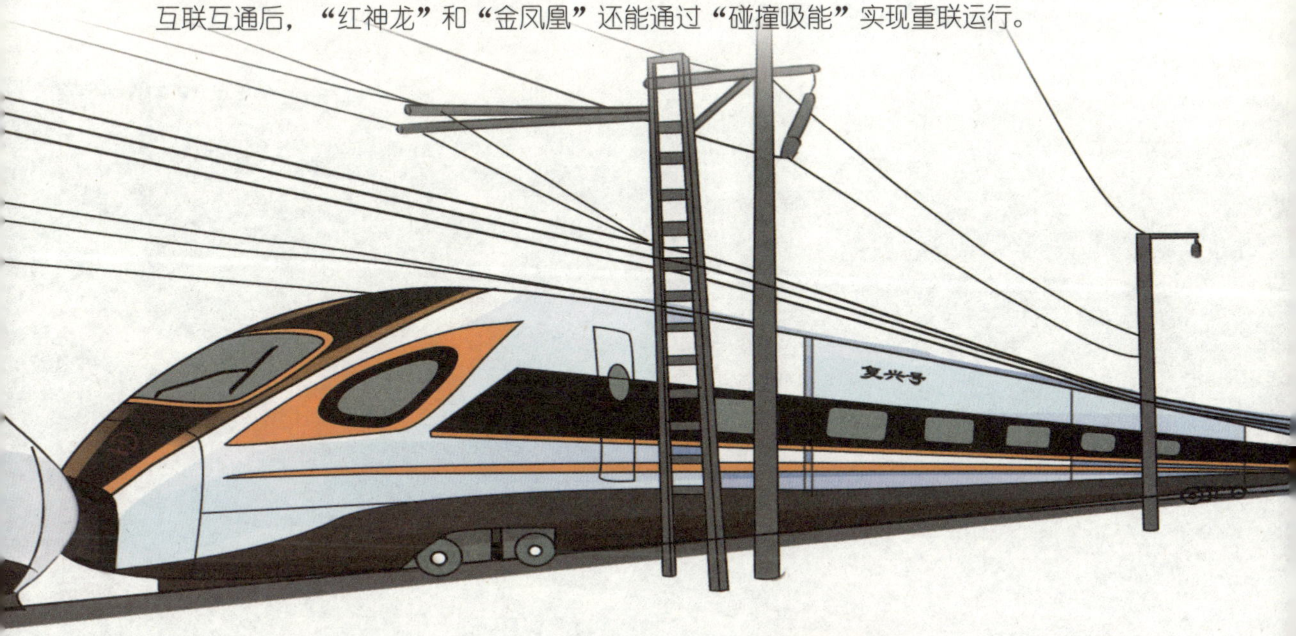

重联运行

两列同型号的动车组之间联挂运行，运行前进方向第一列动车组负责操纵，我们称这种运行方式为列车的重联运行。

复兴号对技术标准、乘客界面、控制方式等内容做了统一的标准化，实现了“红神龙”和“金凤凰”这两个不同厂家生产的车辆可以互联互通，部分配件可以互用，遇到故障了还可以互相救援，甚至两个不同生产厂家的动车组可以“重联运行”。

你知道吗？

互联互通

在没做统一的标准化之前，和谐号各系列车型是中国企业与不同国家的企业合作研发出来的，和谐号各个型号的零件、技术不统一、不通用。互联互通（零件、技术等通用了）后，给高铁的维修、运营等方面带来了巨大便捷，节约了很多成本。

中国工程院院士、中国铁路总公司工程师何华武曾表示：『在速度方面，因为是高速铁路，高速度、高密度、大载容量，这些指标体现一个国家高速铁路的水平，我们旅客列车的平均速度是最高的。』

复兴号

复兴号大揭秘

什么是动车组

传统的列车是由火车头拉着车厢跑，只有火车头有动力，火车头后面的车厢可以随着乘客的多少而增加或减少。

和谐号与复兴号都是动车组，和传统的列车有明显的区别，那什么是动车组呢？

动车组是由 2 个及以上自带动力的车厢和其他几个不带动力的车厢组成的，也就相当于一辆列车不只有一个火车头带着跑，而是多个“火车头”一起拉着跑，这样列车就跑得更快了。

4 动 4 拖，动力分散型动车组示意图

动车组

满足以下两个条件便可以称之为动车组：第一，带动力的车厢数量要大于等于2；第二，每列火车的车厢数量一经出厂就固定不能更改。

“红神龙”复兴号是 8 辆编组动车组，为 4 动 4 拖。如果想要增加客运量，可以把两列动车组重联在一起，变成 16 辆编组动车组。

动力分散型与动力集中型

传统的列车，火车头除了具有提供动力带着车厢跑的功能，还具有控制方向等驾驶的功能。“红神龙”复兴号就不一样了，它的火车头只具有驾驶控制的功能，不提供动力，因为“红神龙”复兴号的动力来源于自带动力的车厢。

根据提供动力的位置不同，动车组还分为动力分散型动车组与动力集中型动车组。

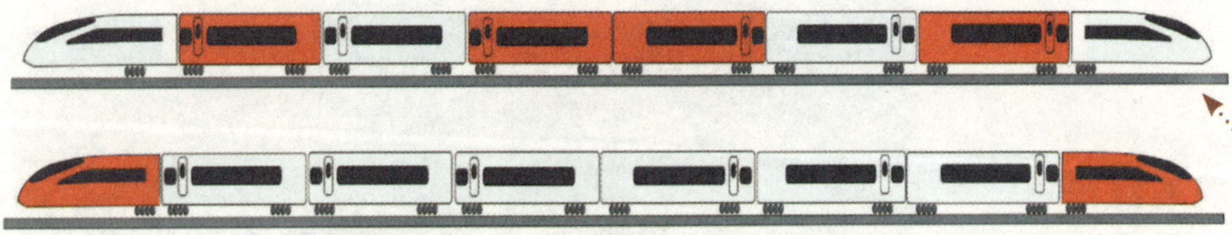

动车类型示意图

动力分散型

“红神龙”复兴号的动力都分散在不同的车厢上，动力车厢带动着列车跑，这样的动车组又叫动力分散型动车组。

动力集中型

动力集中在两边的车头，这种动车组叫作动力集中型动车组。

复兴号中，“绿巨人”动车组就是动力集中型动车组，所以它跑得不是很快，最高运营速度是 160 千米/时，比起“红神龙”动车组最高运营速度 350 千米/时，它的速度大大减小。

你知道吗？

动车组车厢数不可变

动车组也有它的特点，因为出厂后的动车组车厢数是固定不可变的，一般是 8 辆编组，或是两列动车组重联在一起，组成 16 辆编组。

但针对客流量很大的线路，如京沪高铁，为了适应较大的客流量，动车组在出厂之前就被设计成 17 辆编组，这在出厂之后就改不了了。

制造“红神龙”复兴号的工厂

“红神龙”复兴号的代码是“CR400AF”，其中的“A”是生产厂家的代码，这个制造“红神龙”的生产基地你是不是也十分好奇呢？它就在中国山东省青岛市。

在中国山东省青岛市郊区，有一座世界上最大的高速列车制造基地，它就是“红神龙”的老家——中车青岛四方机车车辆股份有限公司，中国有近一半的高速列车都是在这个地方被设计和生产出来的。

机器人焊接

除了人工焊接以外，基地中还采用了先进的机器人焊接。一列8辆编组的“红神龙”复兴号，铝皮长度达18.4千米，这样繁重、高精密的焊接工作，工厂大部分采用机器人操作，机器人可以高效率地把铝皮焊接得天衣无缝。

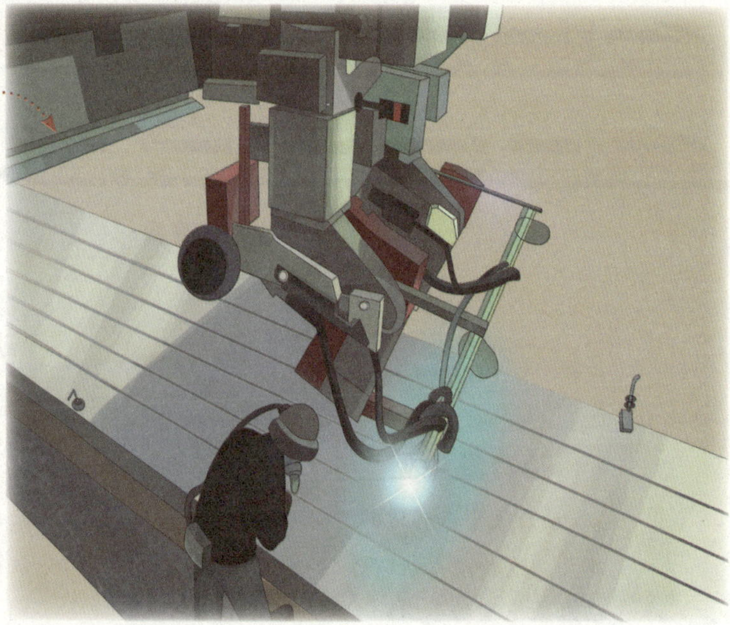

制造车头

一个“红神龙”的火车头，就需要72块铝合金板材。工人们需要把铝合金板材焊接起来。

列车的底盘——转向架

复兴号有一个核心的机密技术结构——转向架。

转向架就像汽车带有轮子的底盘一样，我们平时看不见它，因为它在列车的底部，但是它对列车的作用可太重要了。有的车厢下的转向架被安置了牵引电机，这样的车厢就是带有动力的车厢。

转向架构造，包含构架、中央牵引装置、牵引驱动装置、基础制动装置、悬挂装置（空气弹簧）、轴箱定位装置等。

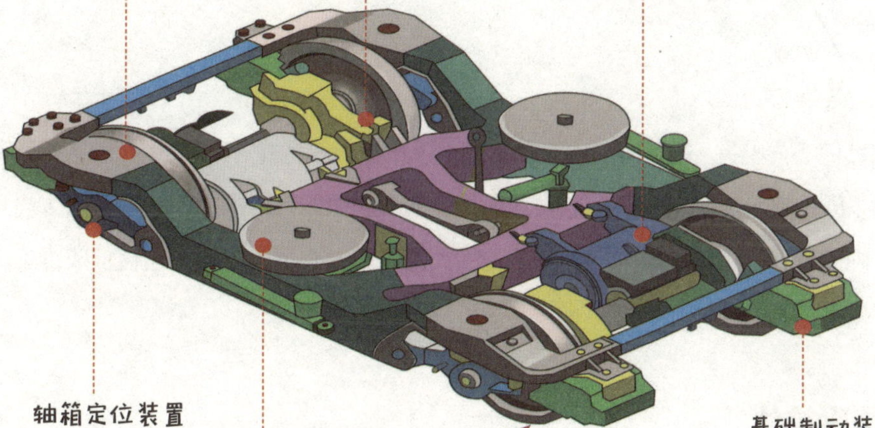

轮对组成装置

列车的车轮不是直接装在车厢上的，而是装在车厢下面的转向架上。

轮缘

车轮内侧边缘还设计了“轮缘”，为的是防止列车脱轨。

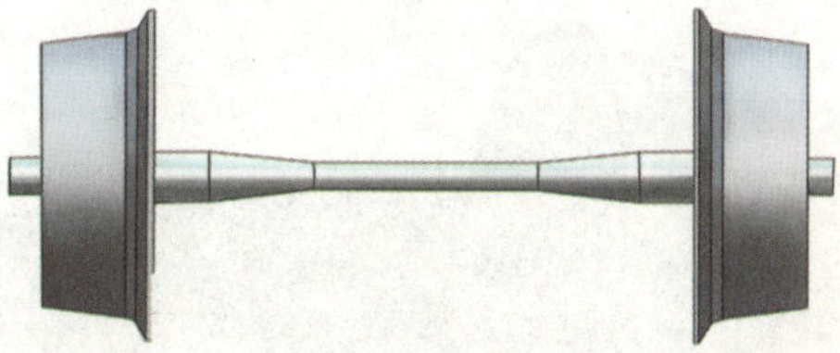

如果没有发明转向架，列车的转弯可是一个大的问题。

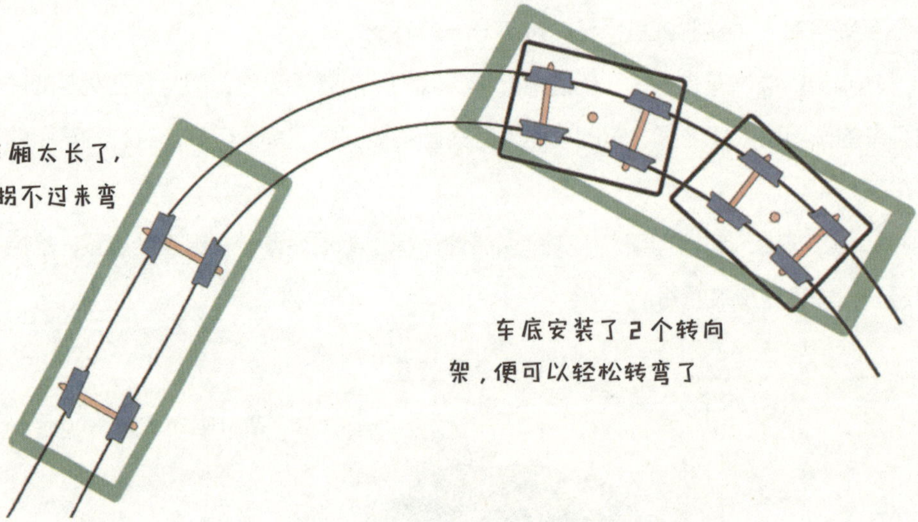

列车转弯还面临另一个问题，由于列车的轮子不像汽车的轮子那样是充气橡胶且呈“圆滑”状，而是坚硬的钢轮。列车通过弯道时，靠外侧的车轮需要行走的距离较长。所以当列车转弯的时候，内侧车轮的小圆周着力，外侧车轮的大圆周着力，列车的轮子被设计成圆锥体，转弯就变得轻松多了。

圆锥体

从延伸出来的区域看到，列车的车轮被设计成圆锥体，而不是圆柱体。

同轴转动

当列车转弯的时候，外侧车轮转弯滚动一周的距离要长，内侧车轮转弯滚动一周的距离要短，但由于列车的车轮是同轴转动，如果车轮不是圆锥体，那么列车很容易翻车。

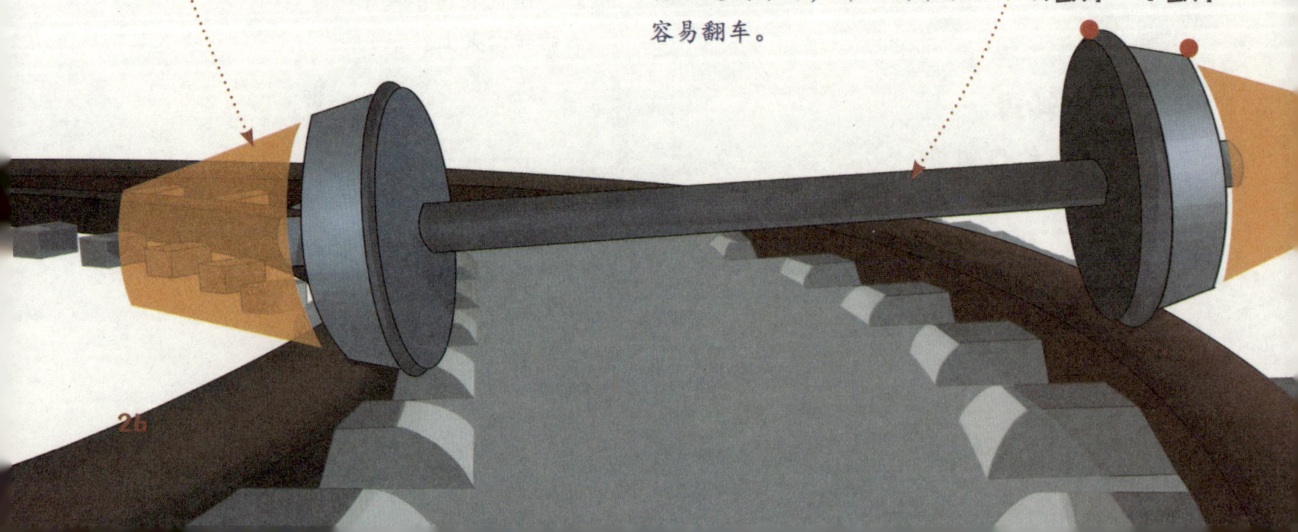

列车转向架出现之前，列车的转弯不像现在这么顺畅，要么车身倾斜，要么轨道倾斜，而且速度也不能保证。

车身倾斜

曾经出现的摆式列车在转弯时，车身会倾斜一定的角度，来适应转弯时候的离心力，这就像转弯时候的摩托车一样，轨道水平，车身会倾斜。

转向架还没发明前，列车如何转弯？

轨道倾斜

轨道倾斜也是一种方法，车身与轨道面垂直，像自行车比赛时倾斜的赛道。列车通过弯道时会产生一个向心力，以平衡转弯时的离心力。

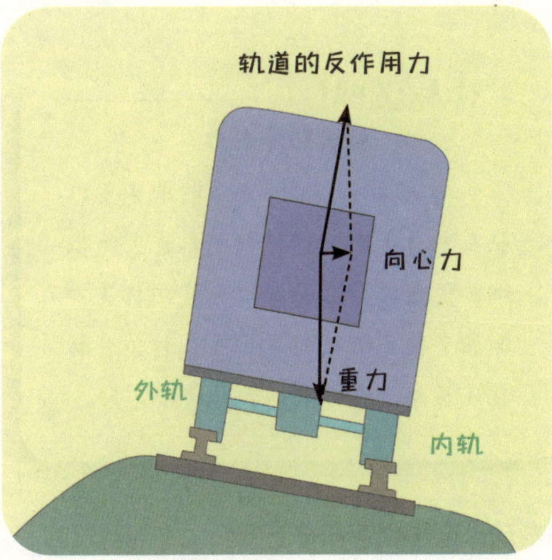

高铁上立而不倒的硬币

像气垫一样的空气弹簧

把一枚硬币放在高铁的车窗前，疾驰中的高铁却能让薄薄的硬币稳稳地立住。大家纷纷惊叹，350千米/时的速度，竟然能让薄薄的硬币立而不倒！

第一“功臣”非动车转向架上的空气弹簧莫属，因为它有很好的减振能力。

车窗前立硬币

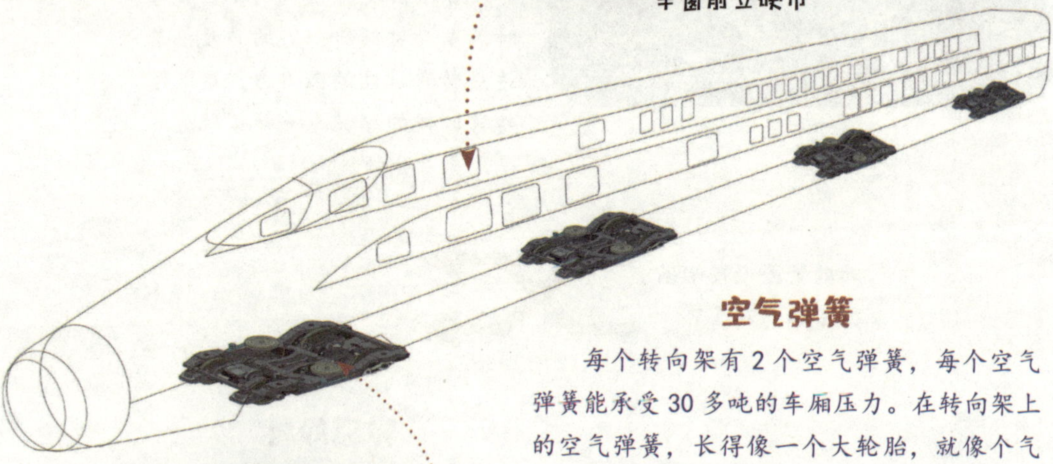

空气弹簧

每个转向架有2个空气弹簧，每个空气弹簧能承受30多吨的车厢压力。在转向架上的空气弹簧，长得像一个大轮胎，就像个气垫一样“垫”在车厢下。

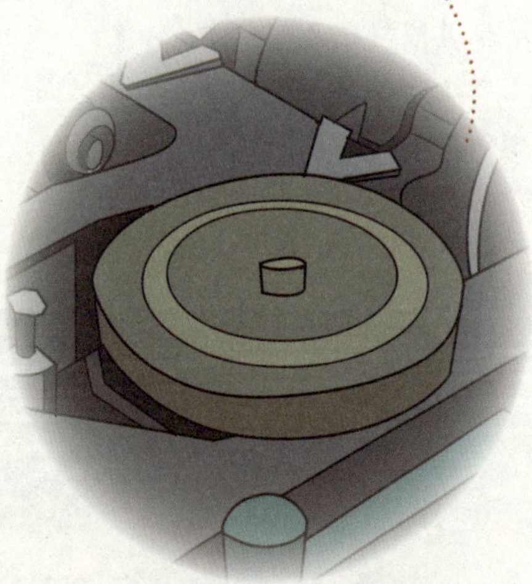

你知道吗？

巨大的冲击力

当列车以350千米/时的速度行驶在轨道上时，即便遇到轨道上一根细如发丝的异物凸起，也会对轨道和车轮产生巨大的冲击力！这种力会转化成振动，通过转向架传递给车厢。

空气弹簧可以最大限度地减少传递给车厢的振动，这样乘客在车上就感受不到明显的振动。

平整的轨道

要想列车平稳地运行，轨道也需要特别平整。高铁的钢轨焊接处要求特别严格，必须十分平滑，平整度都是按毫米级要求的。

接口

传统的钢轨受热胀冷缩影响特别明显，铺钢轨时会预留18毫米的缺口，所以列车跑在上面会发出“咣当、咣当”的声音。

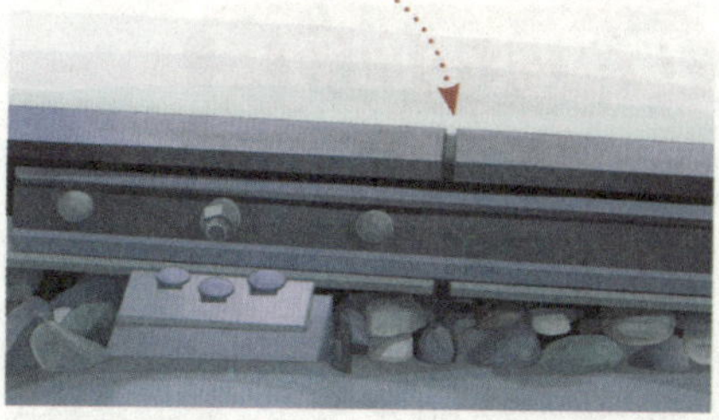

在车间里，钢轨之间还要经过高强度的焊接、打磨等，确保钢轨与钢轨之间无缝衔接，最终形成500米超长的钢轨。

“消除”接口

修建时，在钢轨因热胀伸得最长的时候，把一根根钢轨焊接起来，这样钢轨就不会伸得更长，到了冬天冷缩的时候，就凭着钢材本身的抗拉强度，保持不变形。

500米超长钢轨

国际上，要求每根钢轨长20米，如今我国生产出来的钢轨每根长100米，再经过焊接、打磨后达500米才出厂。

打磨

铺设

切削机床

中国研发团队自主研发的立体切削机床可以打磨焊接处，确保钢轨的平整。

平整的轨道

制造完的500米超长钢轨，被运送到高铁轨道上进行铺设，形成平整的轨道面。

经过空气弹簧、平整轨道等一系列减振系统的共同作用，我们坐在高铁上才会感觉十分平稳舒适，甚至硬币都能在疾驰的高铁上立而不倒。

“红神龙”踏上京沪高铁线

超级城市的对接

2017 年 9 月 21 日，“红神龙”和“金凤凰”复兴号在京沪高铁线上正式以 350 千米 / 时的速度运营，我国成为高铁运营速度最快的国家。

20 世纪 60 年代，从北京乘坐火车到上海，大概需要 30 小时，现在只需要约 4.5 小时，这是一个翻天覆地的变化，京沪高铁线的开通对中国具有非常重要的意义。

京沪高铁线连接着北京和上海两个中国极为重要的大城市，这两个城市的人口都超过 2 000 万，把它们连接起来，可以带来巨大的经济效益和社会价值。

京沪高铁

京沪高铁每年运送的旅客超过 1 亿人次，高峰时期发车间隔时间只有短短的 3 分钟，平时的日均运送旅客约为 30 万人次。这让京沪高铁线成为当前世界上发车最为密集的线路。

你知道吗？

高铁插上翅膀能飞起来吗？

飞机起飞时的速度和高铁 350 千米/时的运营速度差不多，理论上，高铁插上翅膀是可以飞起来的。

但是，高铁的动力来源于电网提供的电能，一旦高速列车飞起来，电网可不会随着高铁飞起来，高铁就会因失去动力而落下来。

运营调度系统为“红神龙”保驾护航

广义的高铁中，运营调度系统也是高铁的一部分，它的作用不可小觑。

像京沪高铁线如此高密度的发车频率，为保障线路安全、高效运行，要依靠先进的运营调度系统，最为重要的是，这套系统是中国自主研发出来的。

广义的高铁

高速列车系统

工务工程系统

牵引供电系统

列车运行控制系统

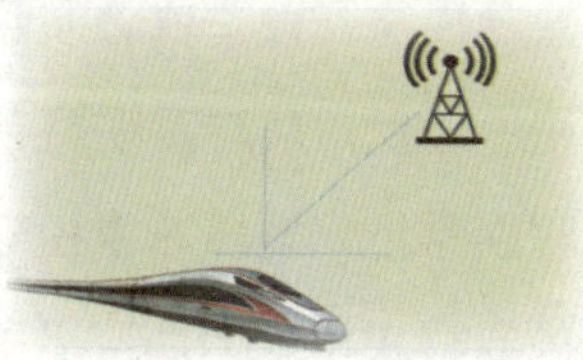

运营调度系统

运营服务系统

上海铁路局调度指挥中心

负责京沪高铁线调度的是上海铁路局调度指挥中心，其面积达 2 万平方米，大约是 3 个标准足球场那么大，里面摆满了一台又一台监控显示屏。

运营调度系统可以监测列车的时速、运行状态等，甚至可以监测到运营中列车的车轴温度。但对于运营调度系统来说，最具考验的是遇上极端的天气。

一旦发生强对流天气，运营调度系统中的防灾安全监控系统就起到了报警作用。报警开始后，系统会根据时刻变化的雨量和风力情况等发送不同的指令，来指挥司机是启动列车还是停车等候。与此同时，系统还需要立刻编辑、调整其他各个列车的运行方案，直到极端天气结束。

高铁桥上飞

全长 1 318 千米的京沪高铁线，主要位于中国东部平原地区，是中国铁路网特别重要的一环。别看现在如此“繁忙”，它的建造却很不容易。由于东部平原地区人口密度大，与京沪高铁线路交叉的各等级公路达 100 多条，想要线路开通，就必须跨过一条条公路。而且，京沪高铁整条线路处在冲积平原上，地质非常松软，建造它首先要解决松软土地容易变形的问题，防止地基沉降。

跨过河流

要想修建京沪高铁线，需要跨过宽 20 米以上的河流达 100 多条。

面对河道多、公路多等情况，中国工程师让京沪高铁线大部分线路都架设在了桥梁之上。

高铁站

京沪高铁线路 80% 建在桥上，甚至一些高铁站也建在了桥梁之上。

丹昆特大桥

京沪高铁线路中的一段线路——丹昆特大桥，全长 164.851 千米，目前，这一段高铁大桥成为世界上最长的桥梁。

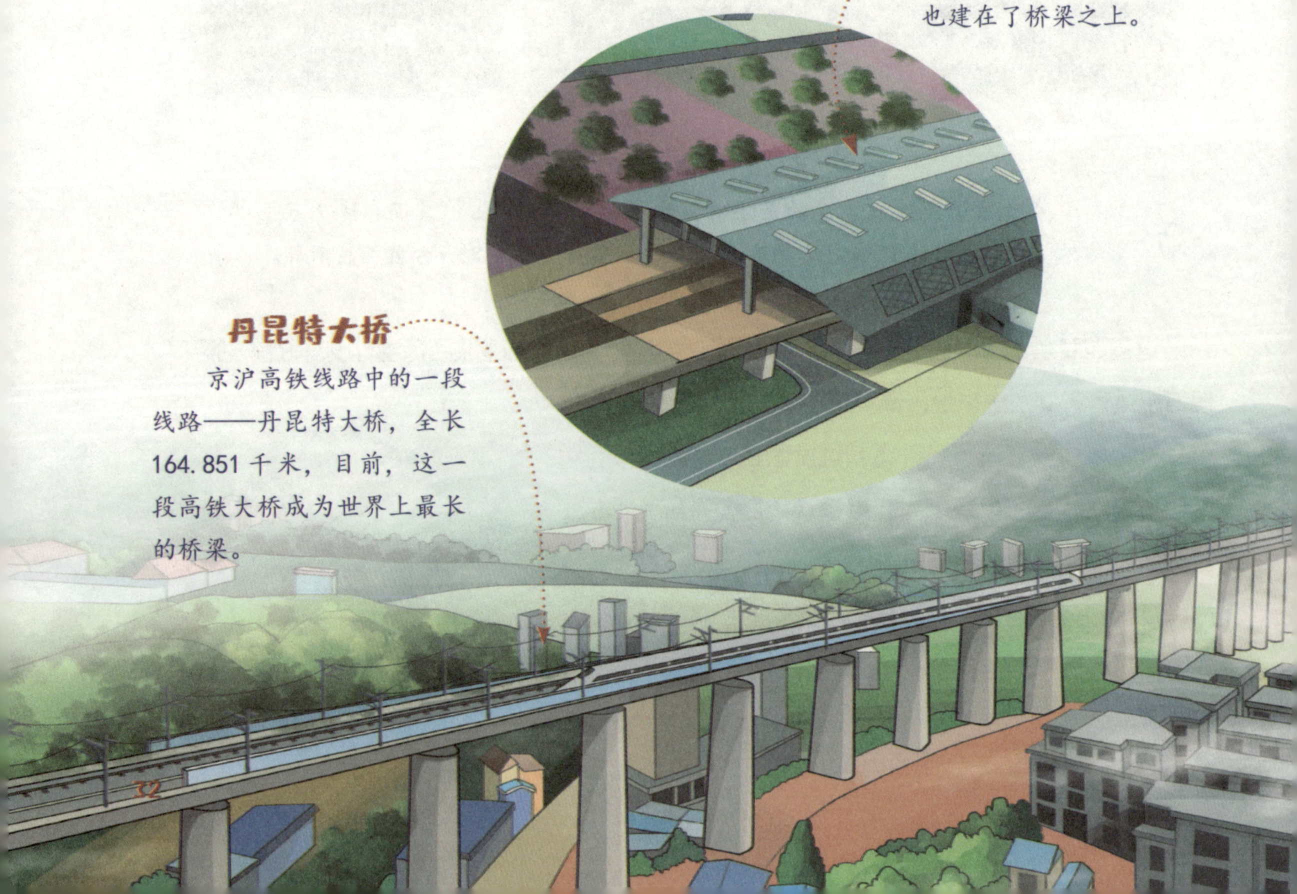

自动架桥机往前运梁

自动架桥机

500 吨重的自动架桥机能够提起超过自身重量近 2 倍的桥梁向前移动，一点一点地把高铁桥梁架设完成。

你知道吗?

路基沉降的检测

在建好的桥上，在夜间高铁列车运行不频繁的时候，或利用高铁天窗期，工程人员会来到大桥上，用仪器对丹昆特大桥的路基沉降进行检测。

工程人员需要获取路基沉降的数据，只有数据在正常范围内，高铁才能正常运行。

桥梁下面的地基部分也需要建得十分牢固。这些地基深入河面下数十米的岩石层中，这样地基就牢固了，因为岩石层是地球表面最为坚硬、牢固的部分。

地基不沉降，高铁才能“桥上飞”

祖国大地广袤无垠，不仅有南方近40°C的亚热带气候，还有北方-30°C的冰天雪地，尤其是冬天的东北地区，雪多、风大、气温低，对轨道交通来说极具挑战。但复兴号没有退缩，疾驰在天寒地冻的冰雪王国『面不改色』、高速依旧，把祖国大地紧紧地连在了一起。

第二章 「冰凤凰」复兴号

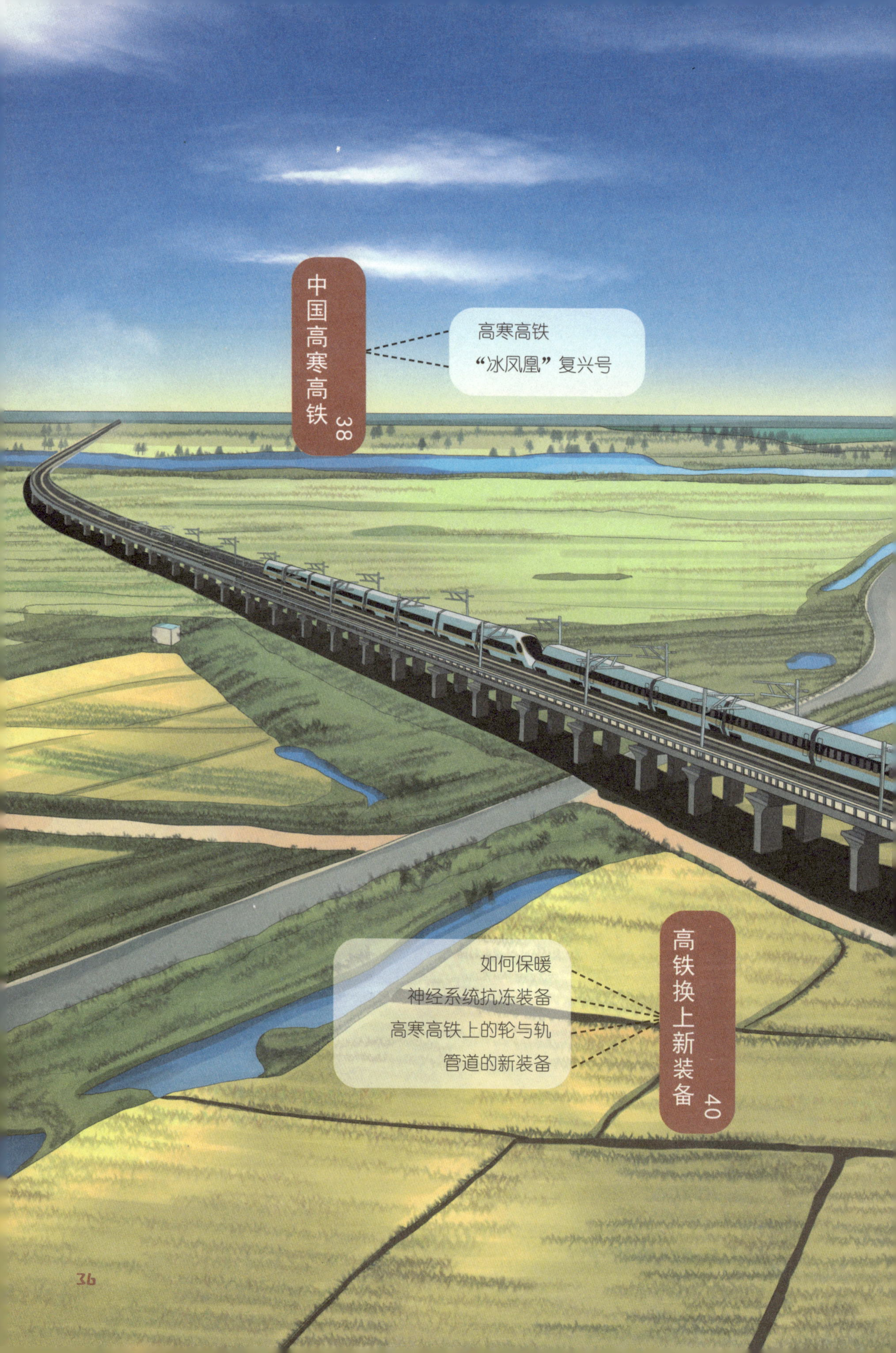
中国高寒高铁 38
高寒高铁
“冰凤凰”复兴号
高铁换上新装备 40
如何保暖
神经系统抗冻装备
高寒高铁上的轮与轨
管道的新装备

高铁的检测与维护

中国高寒高铁

高寒高铁

冬季来临，有的地区最低温度能达到 -15 ℃，但在中国东北地区的哈尔滨市，冬天夜间的最低温度常常能突破 -30 ℃，白天太阳升起来，温度也在 -15 ℃左右。

虽然天气寒冷，但是也挡不住人们出行的脚步。东北三省作为中国老工业基地，和其他地区有着密切的联系，像哈尔滨工业大学的科研人员经常要来往于北京与哈尔滨之间，进行工作交流；沈阳等地众多投资企业人员要穿梭于沈阳、北京等城市之间。高寒版复兴号高铁的开通，大大缩短了人们在路上的时间。

风驰电掣雪中行

从北京到哈尔滨，以前乘坐普通快车需要十几小时，如今乘坐复兴号高寒动车组，最快 4 小时 52 分钟就可到达；从北京至沈阳，如今最快只需 2 小时 44 分钟就可到达。

车身代码中“G”表示高寒动车组

这种建在冬季最低温度低于 -15 ℃的地区，其所有外露的列车和轨道等设施都能经受住 -50 ℃的低温考验，并且设计速度在 200 千米/时及以上的铁路客运线，一般称为高寒高铁。京哈（北京到哈尔滨）高铁、哈大（哈尔滨到大连）高铁、兰新（兰州到新疆）高铁等都属于高寒高铁。

“冰凤凰”复兴号

2021年1月22日，随着中国复兴号高寒动车组在京哈高铁的北京至承德段正式开通运营，京哈高铁实现全线贯通。

CR400BF-G型“冰凤凰”复兴号高寒动车组作为首发车型，从北京朝阳站出发，开往哈尔滨西站，标志着复兴号高速列车成功踏上京哈高铁线。

最高运营速度350千米/时的高寒版复兴号也有两款，分别是“冰凤凰”复兴号和高寒版“红神龙”复兴号。

“冰凤凰”复兴号

“冰凤凰”与“金凤凰”外形相近，但是“冰凤凰”在抗寒方面可不是普通的“金凤凰”能比的。“冰凤凰”复兴号能够在-40℃的环境中以350千米/时的速度运行。

京哈高铁、哈大高铁等的成功运营，表明我国已经攻克高寒高铁这个世界性的难题，向世界展示了中国科技发展的实力。

高铁换上新装备

如何保暖

哈尔滨冰灯

天气寒冷，温度在 -30℃，这么冷的天气如何保暖？

哈尔滨是个旅游城市，冬天是最佳的旅游季节。这里有着如梦似幻的绚烂冰灯世界，包括世界各种名建筑的冰雕作品，哈尔滨的冰灯每年都吸引众多的游客前来参观。

如果你决定去看冰灯，那么首先提醒你的是要换“装备”，因为哈尔滨很冷。

高铁列车也一样，“冰凤凰”复兴号高寒动车组能在严寒的地方“行动自如”，它也要有一套捂得严实的“装备”。所以工程师们把“冰凤凰”的外壳“变装”——不能让其漏风。

封胶条

拉门、设备箱体上的缝隙密封上了胶条，这些胶条是硅橡胶材料，能抵抗住低于 -40℃的温度，避免寒冷的风雪钻进来，并且不会因为低温变脆而开裂。

装导流板

车底的转向架安装上了导流板，防止寒冷的风雪侵袭转向架，减少转向架上制动装置（刹车装置）的积雪结冰。

防雪设备舱

以往的复兴号，车厢与车厢之间、底部底板、侧部裙板等连接处存在很多缝隙，如果在高寒地区一路狂奔，漏风又漏雪，保暖性极差。“冰凤凰”采用密封型防雪设备舱，则把自己捂得很严实，可以防止风雪侵入。

神经系统抗冻装备

在北方寒冷季节的室外，我们常会发现手机也被“冻”着了，不仅反应迟钝，电量还嗖嗖地往下掉。手机反应都这么大，更别说风雪中疾驰的高铁列车了。低温情况下，一些普通型号的电气元件也会动作迟缓。

此外，当冰雪侵入车内后，遇热化成水，一旦再次遇到外面冷气流又会变成冰，包裹在列车设备和线路之外，这种冷凝现象很可能导致电气元件发生短路或损害。

和普通的复兴号不同，“冰凤凰”复兴号的电气元件采用了一些抗冻的材料，在 -40 ℃的低温下也能保持正常运转。

抗寒的螺栓和螺母

一些关键的螺栓和螺母采用了铬钼合金、不锈钢等抗寒材料，长时间处于 -40 ℃的低温环境中也不会变脆而开裂或者坏掉。

司机室

隔热、疏水

司机室前舱、配电盘、车上线槽等容易产生冷凝现象的区域，配备了新“装备”——新型微米级陶瓷多孔材料。这种新型材料的一大优点，是有优异的隔热及疏水性能，能确保配电等设备的安全。

高寒高铁上的轮与轨

高铁和人一样，要注意“脚”——轮子的保暖。当脚冷时我们是有感觉的，去换一双保暖的鞋子就行了。

但高寒高铁不一样，如果它的轮子温度很低，在极寒的天气下，轮与轨的安全运营就会受到威胁。要知道，轮与轨的安全运营是高寒高铁运营的核心。

中国工程师自主研发出了一项新技术——轴温报警器。在“冰凤凰”和高寒版“红神龙”的“脚”上，都安装了轴温报警器。

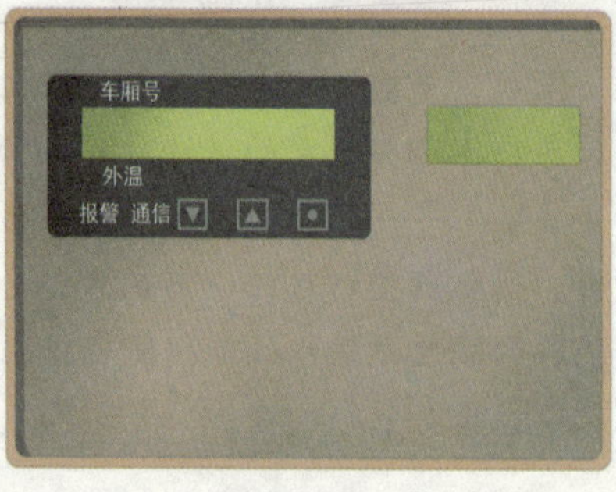

轴温报警器

轴温报警器监测高铁上的轮轴温度，当温度过低，接近轴承承受的范围限度时，轴温报警器就会报警，司机则会采取措施，来避免危险的发生。

中国东北地区，由于是温带季风气候，冬夏温差很大，像中国最北边的省会城市哈尔滨市，夏季虽然短暂，但是最高气温有可能在 30 ℃以上，而冬天的最低气温常能降到 -30 ℃以下。

这么大幅度的温差变化对于轨道的影响是很大的，因为热胀冷缩的原理，174 千米长的钢轨，夏冬的伸缩量能达到 100 米，而高速飞驰的高铁列车对轨道的稳定性要求很高。

工程师们采用了无砟轨道等技术来应对这个难题。

何为“砟”？

砟就是轨道中的碎石子。轨道分为有砟轨道和无砟轨道。

有砟轨道

有砟轨道是轨道下基础为碎石的铁路轨道。虽然这样成本比较低，但是稳定性差，容易产生石渣飞溅等问题。

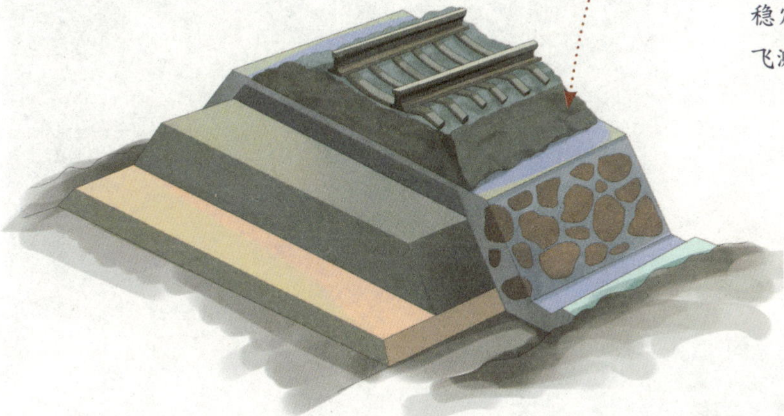

有砟轨道在普通的铁路轨道中很常见，但对于以 300 千米/时疾驰的列车，轨道上一颗小小石子就可能造成极大的危险，所以中国工程师在高寒高铁线路上铺设了无砟轨道。

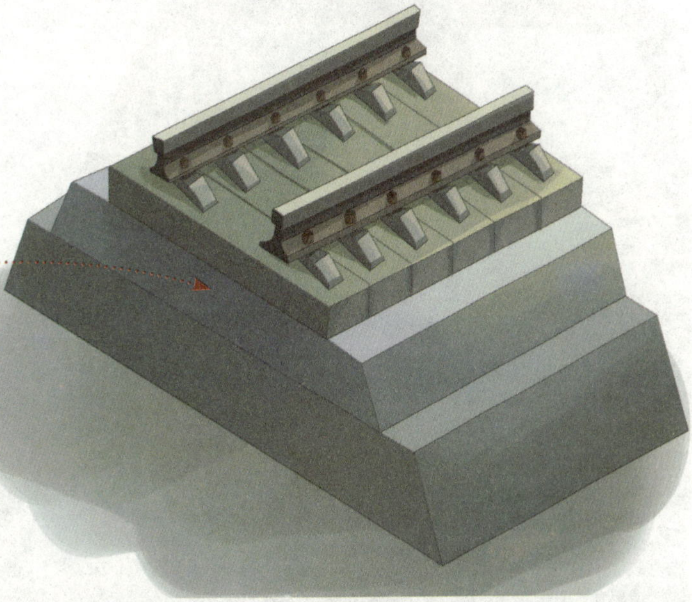

无砟轨道

无砟轨道，就是轨道的道床上没有铺设石子。

钢轨可以牢固地固定在坚硬的路基上，所以无砟轨道稳定性很好，并且平顺性也很好。

管道的新装备

“冰凤凰”复兴号为了防止水管等装置被冻住，或是在水箱和水管外部包裹了防寒材料，或是给这些装置安装了电加热设备。

水箱保暖

给高铁的水箱等装置穿上了厚厚的“棉衣”，保证水箱和水管里的水不结冰，方便乘客们正常使用水。

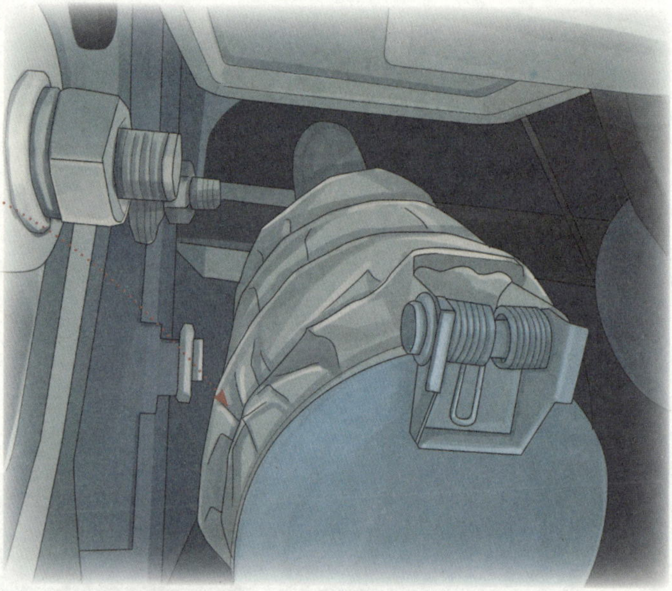

绿皮车

22型客车俗称“绿皮车”，曾经是中国铁路客车的经典形象，长期占据着铁路客运主导地位。但其行驶在寒冷的地区时，列车的水管、污物箱、管道等会有被冻住的可能。

摄影：刘慎库

飞跃江河的中国高铁。

中国科学院院士、中国工程院院士沈志云曾表示：『中国高速铁路，落实了六个技术平台，即勘测设计、基础工程、装备制造、通信信号、系统集成、运营管理，一体化共同努力，这个被外国人叫作「中国模式」。』

高铁的检测与维护

“黄医生”给高铁“体检”

高铁线上有一种特别亮眼的黄色列车，车身被涂得金灿灿的，被亲切地称为“黄医生”。

“黄医生”是铁路迷们对高铁检测列车的爱称，它是一种高铁综合检测列车，其实就是一辆高铁“体检车”，用来排除安全隐患，确保高铁安全运行。

“黄医生”除了日常巡检外，还身先士卒，在即将开通的高铁线路上扮演着“探路者”的角色，在高铁开通前进行安全检测。

此外，“黄医生”不载客，内部结构和运营列车也大相径庭。

高铁“黄医生”

高铁新线路开通前，“黄医生”会检查线路信号是否通畅、轨道是否平整，运行中的车辆动态、转向架载荷等数据是否符合标准。

空间布局

“黄医生”车厢和正常运营列车不一样，没有一排排的座椅，但有的车厢里会设有会议室。

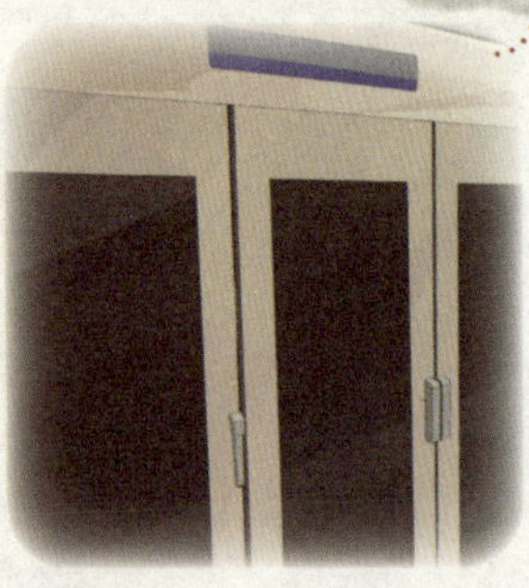

设备间

“黄医生”有很多设备间，里面安装了很多检测装置。

夜晚高铁天窗期

除了对线路的体检外，还要对列车体检。

高铁列车一般在凌晨会有“休息”的时间，人们把这仅有的“空闲”时间叫作高铁“天窗期”。在天窗期，铁路工人就可以休息了？不是的，来看看这时他们都在忙些什么吧。

机械师对复兴号检查、维修

信号检测师检测列车的信号

清洁师会给列车洗一个“澡”

高寒高铁在列车养护方面会比普通的高铁列车做更多的工作。如当“冰凤凰”在大雪天行驶时，车底会附着很多积雪，由于转向架的制动装置在工作过程中会发热，附着在转向架上面的冰雪会融化成水，当车到站停下来时，虽然只有几分钟，但在那寒冷的天气下，融化的水又会有结冰的现象。所以，当“冰凤凰”复兴号结束一天行程后，需要进暖库里除冰雪。

除冰雪

进到暖库里后，工作人员会为列车融冰除雪。清除身上的冰雪之后，“冰凤凰”复兴号又可以轻装上路了。

冰冻灾害袭来

对于高铁列车，下雪和低温不是最难的挑战，最难的是遇到冰冻的天气。像 2020 年 11 月中旬，吉林省、辽宁省的部分地区迎来了自 1951 年以来同期最强的一场冰冻灾害，很多线路的列车都停运了。

接近 0 ℃的雨被冻住，附着在物体的表面，这就是人们俗称的“雨凇”。

冰冻之所以会对高铁有很大的危害，是因为电力动车组不同于普通列车，它需要靠接触网获得电能才有动力跑起来。但是遇到了冰冻灾害天气，接触网就会被冰层包裹着。我们都知道，冰是绝缘体，它使得受电弓不能获得电能，列车就会因为断电而熄火。

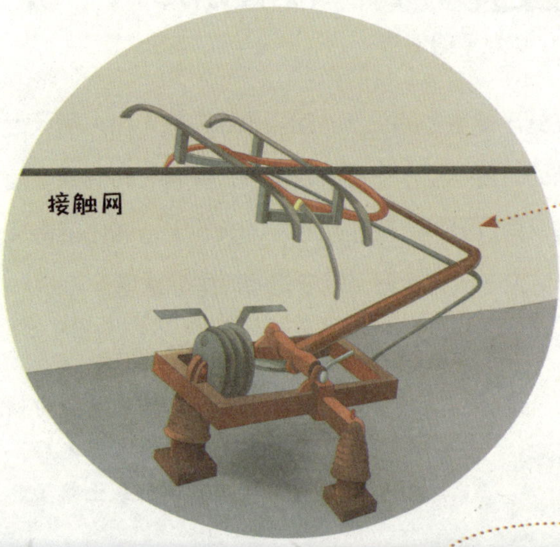

受电弓

列车通过车顶的受电弓与接触网相连而获得电能，接触网的电压高达 25 千伏，获得电能的列车才能风驰电掣地向前跑。

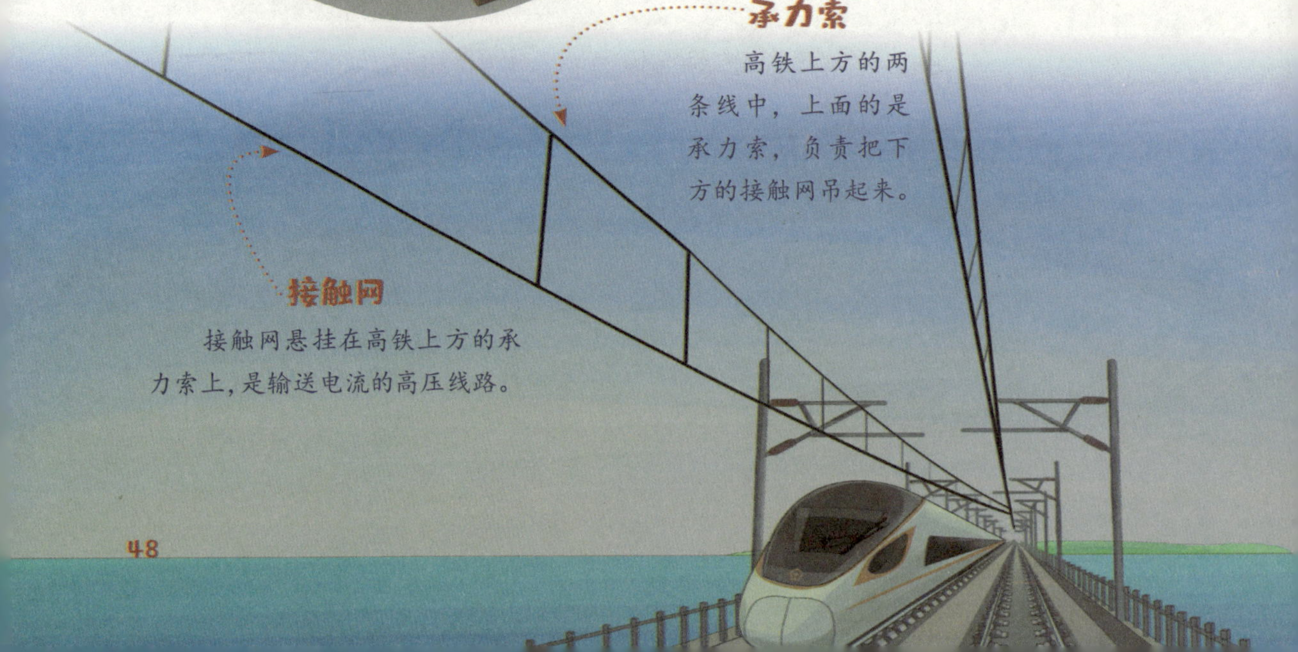

承力索

高铁上方的两条线中，上面的是承力索，负责把下方的接触网吊起来。

接触网

接触网悬挂在高铁上方的承力索上，是输送电流的高压线路。

内燃机车

电力机车遇到极端天气停电时，一般需要内燃机车来救援，内燃机车大部分靠燃烧柴油获得动力，虽然跑得慢，但在电力机车停电的时候能作为拖车派上用场。

大救援

打冰人

如果接触网出现雨凇、雾凇等现象，变成“树挂”，这就需要人工连夜打冰，铁路工人迅速化身“打冰人”。

维修车

铁路部门会出动维修车去现场检查、维修接触网。

你知道吗？

供电线为什么挂在空中？

1879年，世界上第一条电气化铁路诞生，它的供电线是安装在两条轨道之间的。但是人们发现，这样做实在是太危险了，人们路过时会不小心触电，于是除了地铁这种封闭式电力机车的供电电线是安放在地下的，其他长途客运列车的供电电线（接触网）都是高高地挂在空中，以免有人触电。

一款特中国——『龙凤呈祥』复兴号和一款特奥运——『瑞雪迎春』复兴号是两款拥有世界前沿科技的智能动车组，在京张高铁线上，与中国人自行设计的第一条铁路隔空拥抱，它们好像连接着历史的两端，承载着中国百年的复兴梦，不断向前奔跑！

第三章 『龙凤呈祥』与『瑞雪迎春』复兴号

『龙凤呈祥』与『瑞雪迎春』 54
自动驾驶技术
北斗卫星导航
“鹰隼”和“旗鱼”的车头设计
奥运专列 60
特奥运——“瑞雪迎春”复兴号
滑雪器材专属领地
媒体车厢

64 京张高铁的建设

- 百年京张
- 城市下方的“穿山甲”——盾构机
- 地铁与高铁擦肩而过
- 官厅水库特大桥
- 世界上最深的车站——长城站
- 长城下的大爆破

“龙凤呈祥”与“瑞雪迎春”

自动驾驶技术

“龙凤呈祥”与“瑞雪迎春”有很多让人称赞的地方，其中最让人眼前一亮的非自动驾驶设计莫属。

实现有人值守自动驾驶的高铁，只需要按一下按钮，就启程运营了，从起点到终点，高铁自己全能“搞定”。自动驾驶的高铁，能解放司机的双手，避免司机疲劳驾驶；也可以消除因驾驶技术不同而导致列车行驶平稳度不一样的现象；还能给乘客带来舒适的乘车体验；等等。

没有自动驾驶技术之前，列车司机要干的事情可多了，除了控制车速、观察路况外，还需要查看运行状态、检测设备故障等，而现在的智能高铁很多事情都可以自己完成了。

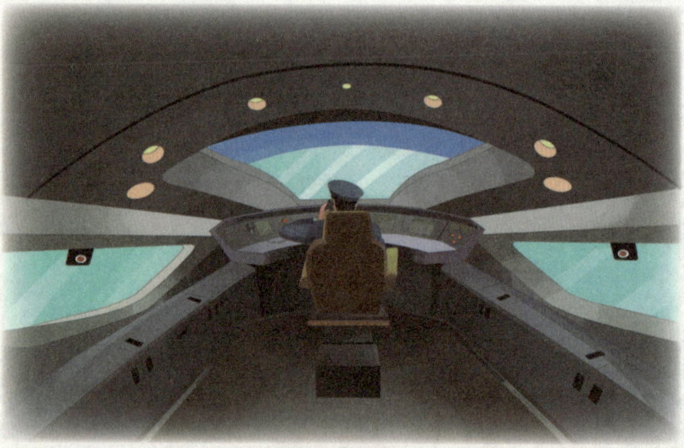

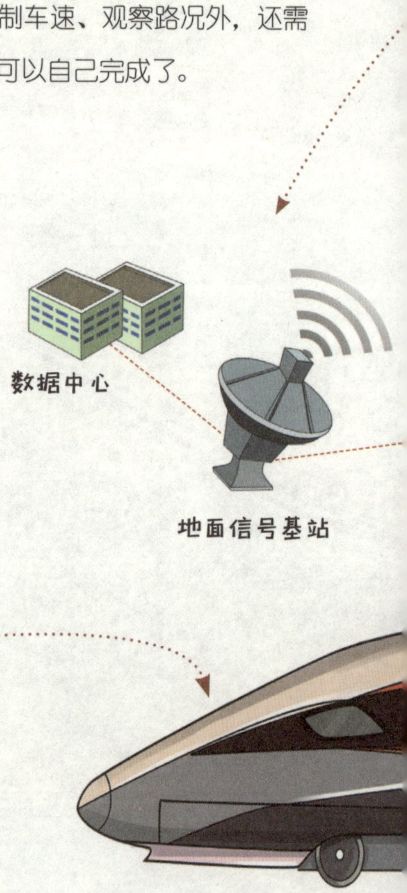

自动驾驶室

自动驾驶状态，司机除了控制一个按钮，其余时间就可以“瞭望”。假如有什么特殊情况，司机也可以将列车的自动驾驶模式切换成人工驾驶模式。

只需按下按钮，智能高铁就可以自动发车、自动驾驶，进站自动减速停车、自动开门等。还可以根据预定的站点停车时间，自动关车门并继续自动行驶，且车门具有自动防护功能。

高铁的自动驾驶除了列车本身具有自动驾驶功能外，还需要地面的控制系统与调度中心等配合完成。

地面的调度中心作为高铁系统重要的组成部分，对高铁的运行时刻表有着决定权。

你知道吗？

智能化自动驾驶

智能化自动驾驶技术早已渗透我们的生活，地铁、汽车就有自动驾驶功能。列车的自动驾驶系统和地铁的原理及效果基本上是一样的，但不同的是，运营速度不同，运行环境更加变化多端。相比于汽车，高铁更适合应用自动驾驶技术。

命令下达

地面的调度中心先规划一张列车运行计划表，传送给复兴号上的自动驾驶车载设备。

命令执行

复兴号接收到命令后，开始执行。它根据给出的计划表，计算出列车全程运行速度的曲线图，发挥自身优势：自动控制自己的“身体”何时加速、何时减速、何时停车、何时开关门等。

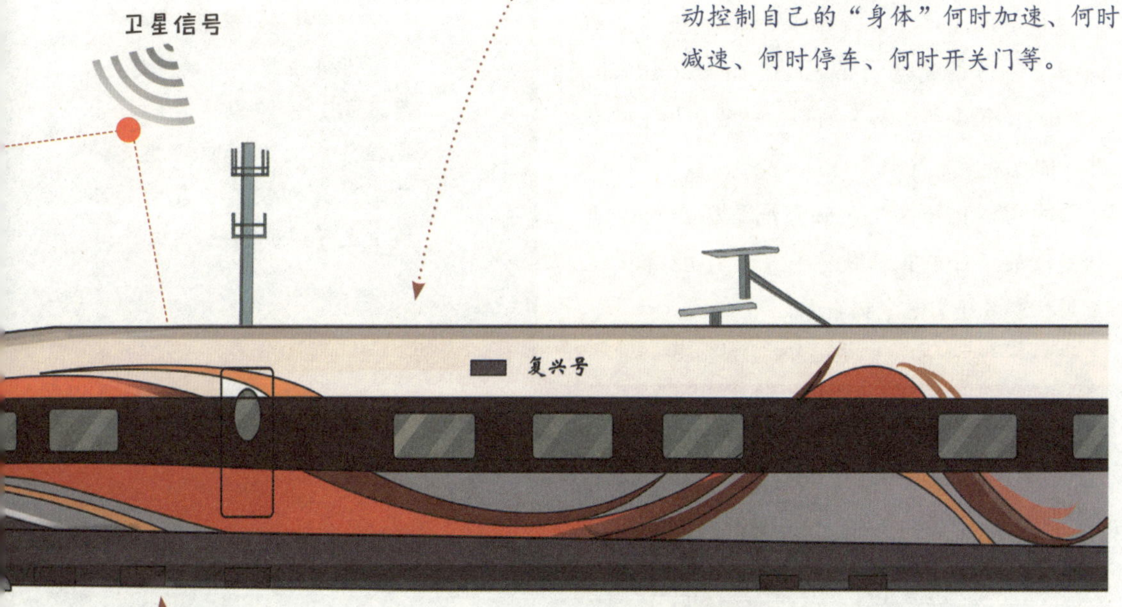

智能装置

高铁上安装了声波测量仪、运动传感器、激光测量仪、雷达、卫星导航等装置，这些装置充当了高铁的听觉、视觉、触觉等“感官”，让高铁“眼观六路，耳听八方”。

北斗卫星导航

在我们的上空，“漂着”包括30颗北斗三号卫星、15颗北斗二号卫星在内的45颗在轨服务卫星，这些卫星统称为北斗卫星导航系统，简称北斗系统，用于物体的精准定位等。

系统的另一端是地面接收卫星信号的装置，“北斗”可以精确地计算出该装置在地球上的位置。

要想用北斗卫星导航，就得先安装这套系统。京张（北京到张家口）高铁就安装了这种“高大上”的导航系统。车辆的实时状态都在卫星的“监控”中，这样，乘客乘坐会更加安全。

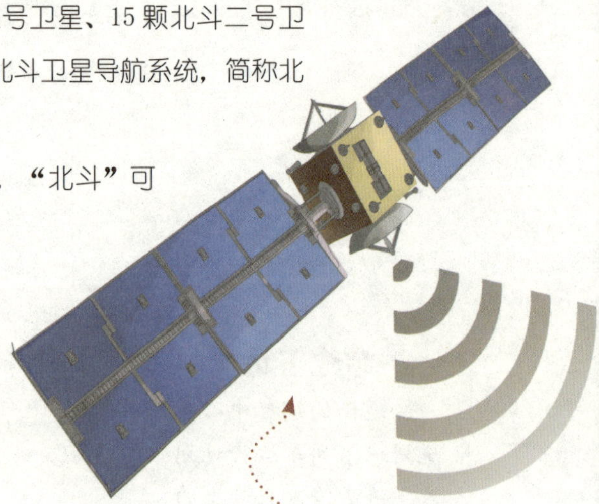

北斗卫星

北斗卫星运行的轨道多，覆盖面广，所以信号的抗干扰性能较好。其信号稳定，地面物体即使处于复杂的环境中也可以被准确定位。

你知道吗？

全球卫星导航定位系统

可实现全球卫星导航定位的系统目前只有四个，分别是美国的GPS（global positioning system）、俄罗斯的格洛纳斯、欧盟的伽利略及中国的北斗卫星导航系统。

中国的北斗卫星导航系统是从1994年开始建设的，目前在轨服务卫星共计45颗，卫星总数要多于其他导航系统。

北斗系统不仅在建成的高铁中大有作为，在建设高铁过程中它也能“大显身手”。如铺铁轨是建设铁路中重要的一环，但这可是一项非常不容易的工作，因为两条铁轨要在一个水平面上并且互相平行是很难实现的。

早期铺铁轨是用尺子量的，每铺几米工人就需要弯下腰手工测量，不仅铺设得特别慢，而且误差特别大。后来发明了轨道测量仪，但在没有北斗卫星导航系统的情况下，一小时也才能测量 3 ～ 5 千米。

北斗惯导小车

工程师根据北斗卫星导航系统发明了北斗惯导小车，全称为“北斗惯性组合导航铁路轨道几何状态测量仪”，专业用于铺设铁路轨道，相比之前速度提高了 20 多倍。

铺设轨道

北斗惯导小车借助北斗卫星导航系统，精准地获取两轨位置、间距等，使轨道铺得特别平顺。

“鹰隼”和“旗鱼”的车头设计

2022 年冬季奥林匹克运动会（简称冬奥会）由北京市和张家口市携手举办，京张高铁成为保障冬奥会的重要线路。“龙凤呈祥”与“瑞雪迎春”是专门跑这条线路的高铁。它们是两款内外兼修的动车组，车头模拟鹰隼和旗鱼，具有优越的空气动力学性能和漂亮的外观。

鹰隼和旗鱼

车头设计分别参考了鹰隼和旗鱼的头部外形。

“瑞雪迎春”

“瑞雪迎春”的车身铺满了“雪花”，十分具有冬奥会的气氛。

“龙凤呈祥”

“龙凤呈祥”的车身涂装了中国红，中国元素十足。

运动速度特别快的物体，要承受很大的阻力，比如当骑摩托车在路上行驶时，车上的人会感觉两旁的风呼呼而过，更何况高速列车以 300 千米/时的速度奔驰的时候，要承受非常大的阻力，所以，车头的设计对高铁来说尤为重要。大自然中的运动健将鹰隼和旗鱼给了高铁设计师们很大的启发，于是设计师们模仿它们十分优越的空气动力学性能进行车头设计。

> **你知道吗？**
>
> **空气动力学**
>
> 在物理学的力学研究中，有一个分支叫空气动力学，主要研究物体在空气中做相对运动情况下的受力特征、气体流动规律和伴随发生的物理、化学变化。

复兴号
BEIJING 2022

奥运专列

特奥运——“瑞雪迎春”复兴号

北京市和张家口市携手举办 2022 年冬奥会，高铁的开通，大大缩短了两地的往来时间。

京张高铁上运行的两款车型中，“瑞雪迎春”复兴号动车组是专门为北京冬奥会设计定制的。“瑞雪迎春”复兴号无论是从外在的图案、花纹还是内部的构造上，都十分贴合冬奥会的氛围与需求。

一小时生活圈

以前，从北京乘火车去张家口，最快也要 3 小时 7 分钟。现如今，北京至张家口只需要短短的 47 分钟，高铁把张家口融入北京一小时生活圈。

滑雪器材专属领地

京张高铁的开通，不仅方便了2022年冬奥会，也方便了周边的百姓。北京的冬天，白天平均气温5℃左右，晚上平均气温-5℃左右，雪花常常落地就化了，不适合滑雪。2022年冬奥会使得冰雪经济升温，旅游产业也会逐渐兴起，京张两地及周边会有越来越多热爱滑雪的人前往张家口进行滑雪冲浪。

相约去滑雪

京张高铁开通后满足了孩子对雪的好奇，相约去张家口滑雪变成“近在咫尺”的事情。

滑雪板存放处

京张高铁动车组也为爱好滑雪的人专门设计了“滑雪板存放处”。

“瑞雪迎春”复兴号

媒体车厢

媒体车厢是一个独特的移动新闻中心

为迎接2022年冬奥会，专列特设了媒体车厢，为媒体人及时发布奥运赛事信息服务。

在速度350千米/时的高铁上直播赛事，信号是否能保持稳定是一大问题。信号不稳，国际赛事直播就无法保证，如有“卡顿”就会影响赛事直播的质量。

京张高铁的开通，正迎5G时代的到来，高铁也配上了5G信号。5G等新技术，为奥运赛事媒体宣传工作保驾护航。

5G技术，不仅可以服务于奥运赛事信息的传播，而且也可以服务于普通乘客。乘客可以在京张高铁上“畅快淋漓”地感受5G网络。

智能显示屏

高铁上，普通乘客除了可以在手机上感受5G的快速网络，还可以通过智能显示屏观看冬奥会的赛事直播，或者看新闻等。

中国铁路设计工程师曾表示：『通过秦沈线的建设，完善了我们高速铁路的一些设计标准。京沪高速，时速300到350千米设计暂行规定，形成了高速铁路设计的技术标准和技术体系。』

京张高铁的建设

百年京张

“天地合德，百年京张”。京张铁路在中国人的心目中，有着非比寻常的地位。

京张铁路中比较著名的是八达岭青龙桥火车站的“人字形铁路”。八达岭的关沟段山坡十分陡峭，但是这里是京张铁路翻越八达岭的最佳线路。詹天佑巧妙地采用了“人字形铁路”，大大降低了火车行驶的坡度，笨重的火车就可以“爬上陡峭的山体”了。开进八达岭隧道，双头火车解决了陡峭山路的难题。

京张铁路是 1905 年开始修建的，那是个血雨腥风的年代，列强对中国虎视眈眈。一百多年前，我们不会修建铁路，外国人就在我们的土地上修建铁路，并且控制了路权。要知道路权在谁手里，利润就在谁手里。

铁路工程师詹天佑在没有先进生产设备的条件下，克服了一个又一个难题，成功设计、修建了京张铁路，震惊了世界，使中国人不仅有机会争取到路权，还大大地增强了民族自尊心和自信心。

火车到达青龙桥火车站后折返，本来是充当火车尾的部分变成了火车头。

你知道吗？

詹天佑

百年前修建京张铁路时，有外国报纸刊登文章嘲讽道：“能修建铁路的中国人还没有出生。”

被誉为“中国铁路之父”的詹天佑，偏偏不信这个“邪”，作为中国人，他决意要修建一条中国人自己的铁路，甚至拒绝了有经验的外国公司的合作申请。

詹天佑不负众望，克服了很多困难，终于成功修建了京张铁路。

城市下方的“穿山甲”——盾构机

京张铁路建成百年之后，中国铁路的发展走在了世界的前列，如今，高铁已重新贯穿京张两地。

京张高铁从北京北站出发，首先进入全长 6.02 千米的清华园隧道，随后驶出地面，向西北方向飞驰，然后进入河北省境内，最终到达张家口站，整体呈东西走向。

北京城区是个寸土寸金的地方，京张高铁南起北京北站繁华的西直门旁。位于二环的西直门，地面上的建筑多，车流、人流又特别大。把地面剖开修建地下高铁也不太现实。幸好，有一个利器叫盾构机，可以“钻入”地下施工，对地面建筑与交通的影响大大减少。

刀盘

红色部分为盾构机刀盘，通过刀盘上转动的削刀“啃食”前方的岩石、泥土，盾构机每天可以前进 20 米。

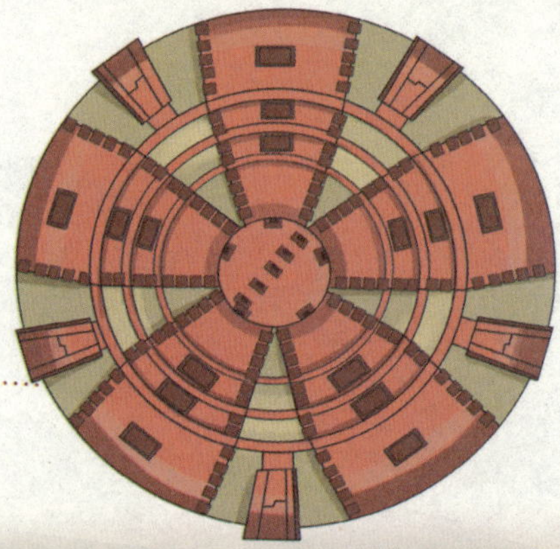

削刀

盾构机刀盘上，安装了 226 把类似于牙齿的削刀。

盾构机长 142 米，直径 12.64 米，重 3 000 多吨（相当于 5 架大型客机的重量）。

隧洞

盾构机把“啃”下的泥土运送出来，在它的身后会留下一个直径为 12.64 米的隧洞，隧洞相当于 4 层楼那么高。

使用盾构机作业，就相当于给城市做“无创手术”，不用“开膛破肚”地挖掘路面了。

为了纪念百年前京张铁路的设计者詹天佑，人们特意把京张高铁工程使用的盾构机命名为“天佑号”。“天佑号”盾构机每天夜以继日地在地下“啃食”泥土，然而，地上生活在这座城市的人们，几乎没有察觉到发生在他们脚下的“超级工程”。

盾构机很庞大，工程师们最开始是怎样让这么长、这么大的盾构机“钻入”北京城地下的呢？

首先挖一个两端开口的洞，然后再在洞内组装盾构机。

盾构机安装

挖洞

工程师们先在清华园隧道开始的地方，挖了一个两端开口的洞。

组装

再把盾构机的零件一部分一部分地放入洞内组装。

地铁与高铁擦肩而过

清华园隧道全长 6.02 千米，建设这段隧道，可谓“危机四伏”。北京这个超级大都市，地下管道纵横交错，地铁密集分布。清华园隧道可谓是穿越地层最复杂，地上重要建筑物较多的高风险隧道。

修隧道相当于在城市下方做一台外科手术，不能损坏任何一根“血管”，否则会产生比较严重的后果。尤其修到与地铁交叉的边段，让工程师们的神经都绷紧了。

北京地铁 10 号线与清华园隧道垂直交叉距离只有 1.5 米，因为庞大的盾构机，在掘进的过程中，对土层的扰动较大，会对地铁 10 号线产生很大的威胁。如果转动的盾构机导致地铁 10 号线地基沉降，即使是 1 毫米的沉降，都会对地铁 10 号线产生严重的后果，甚至导致全线停运，百万人的出行都会因此受到影响。

地铁 10 号线

北京地铁 10 号线与清华园隧道的垂直交叉距离只有 1.5 米。

工程师们在隧道与地铁 10 号线交叉的上方插入钢管，并注入泥浆，以防止发生地铁地基的沉降。

你知道吗？

晚上施工

地铁 10 号线每天客流量达 200 余万人次，发车密度大，是北京日客流量较大的地铁线路。所以，为了保护地铁路基，盾构机的施工选择在夜间地铁停运时进行，这样可以减少对地铁 10 号线的影响。

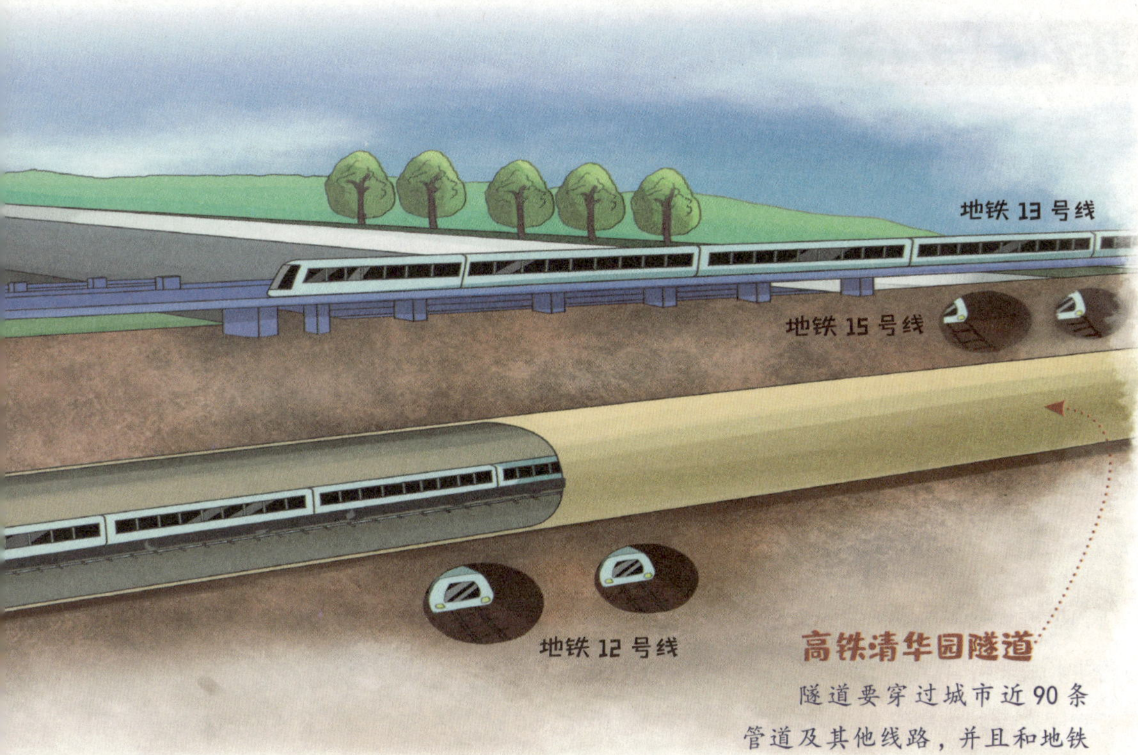

高铁清华园隧道

隧道要穿过城市近 90 条管道及其他线路，并且和地铁 10 号线、12 号线、15 号线交叉，还平行于地铁 13 号线。

晚上夜深人静，地铁也“休息”了，但是第二天一大早地铁又该忙碌起来，工程师们须在这短暂的几小时内，保证盾构机顺利地在地铁 10 号线下方 1.5 米处穿过。

但是一件意外的事情还是发生了，正要穿过地铁 10 号线时，盾构机发出了“警报”，工程师们判断有坚硬的金属挡在了盾构机前方。通过排查，判断异物是一个降水井的水泵——大约 2 米的大铁块。眼看着地铁马上就要开始运营了，如果继续向前掘进，有可能金属会把盾构机刀片打碎，损坏盾构机。

在这“千钧一发”的时候，工程师们还是下令向前进，他们相信盾构机能够“挺”过去。果真，盾构机把金属水泵磨碎，“吃进了自己的肚子”。

工程师们松了口气，清华园隧道终于可以顺利进行下去了。

金属水泵

地铁 10 号线下方居然有一个遗弃的老旧金属水泵，挡在了盾构机前方。

官厅水库特大桥

为了能使京张高铁畅通无阻，工程师们修建了83座桥梁，其中难度系数最大的就属官厅水库特大桥了。

现代桥梁的结构可分为斜拉桥、悬索桥、简支拱形钢桁梁桥等。

斜拉桥

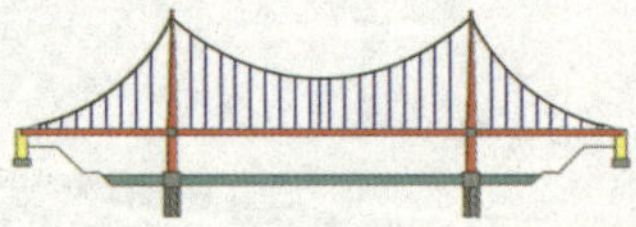

悬索桥

斜拉桥和悬索桥更适合跨大江大河、悬崖峡谷等地势，工程师们经过多方考察和论证，认为官厅水库采用简支拱形钢桁梁结构来建桥更合适。

官厅水库特大桥全长9 077.89米。其中主桥长880米，由8个110米长的简支拱形钢桁梁连接而成。

顶推施工法

拼装好钢桁梁，用千斤顶不断向前推进，实现钢桁梁顶推前移，一直推到八组钢桁梁全部完成。

栈桥

帮助建桥用，修建完后会被拆除。

你知道吗?

保护官厅水库

官厅水库是国家一级水资源保护区，有受到格外保护的水源。为避免对水资源造成污染，官厅水库特大桥修建主桥时，采用了陆上排水处理系统。桥上无论是污水还是雨水，都不会流到桥下的水库中，而是通过桥上排水系统引流到岸上。

世界上最深的车站——长城站

174 千米长的京张高铁被分成 8 段同时施工，八达岭长城段是其中一个重要的施工段。全长 12.01 千米的八达岭高铁隧道，2016 年 4 月开始建设，2018 年底完工。八达岭长城高铁站成为目前世界上最深的高铁站，深埋地下百米。

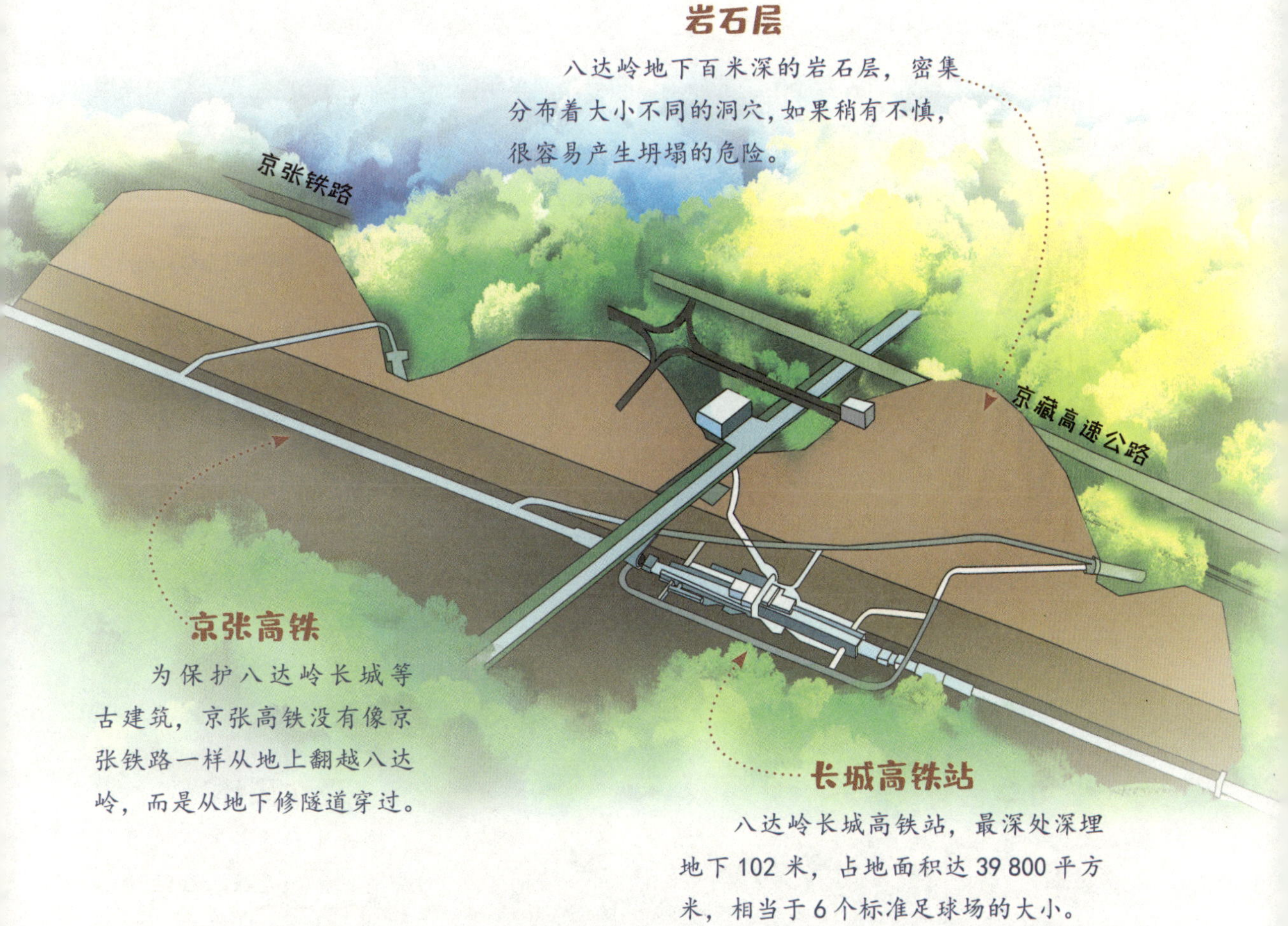

百年前，京张铁路翻越八达岭长城需要 78 分钟，现如今，京张高铁只需要 3 分钟就穿山而过。

你知道吗？

不到长城非好汉

有句名言叫“不到长城非好汉”，如果你到了北京却没去闻名中外的八达岭长城看一看，则会是莫大的遗憾。

如今，高铁直通八达岭长城，可谓是方便多了。在北京北站乘坐京张高铁，只需要 34 分钟就能到达长城站。

长城下的大爆破

在雄关险隘的腹地开山建隧道、建交通枢纽绝非容易的事。

隧道上方是古建筑长城，工程师们十分担心炸药爆破会对长城产生危害。既要达到建隧道想要的效果，让爆破的威力使山洞中的岩石脱落，又要不伤到它上面的古建筑长城，这是一个“分寸感”超强的技术活。

京张高铁的工程师们放弃了传统的炸药爆破手段，采用电子雷管微损伤控制爆破技术来爆破隧道。

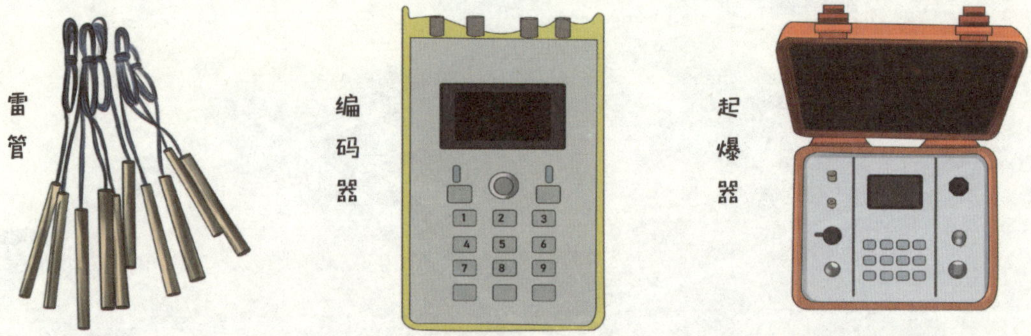

爆破所需设备

电子雷管微损伤控制爆破技术把爆炸的振动速度降到 0.002 米/秒以内，其产生的振动就小很多，振动再传到百米以上的长城时，它的威力就相当于你在长城上“跺一下脚”。

通过这种隧道爆破新技术，京张高铁的八达岭隧道成功建成。

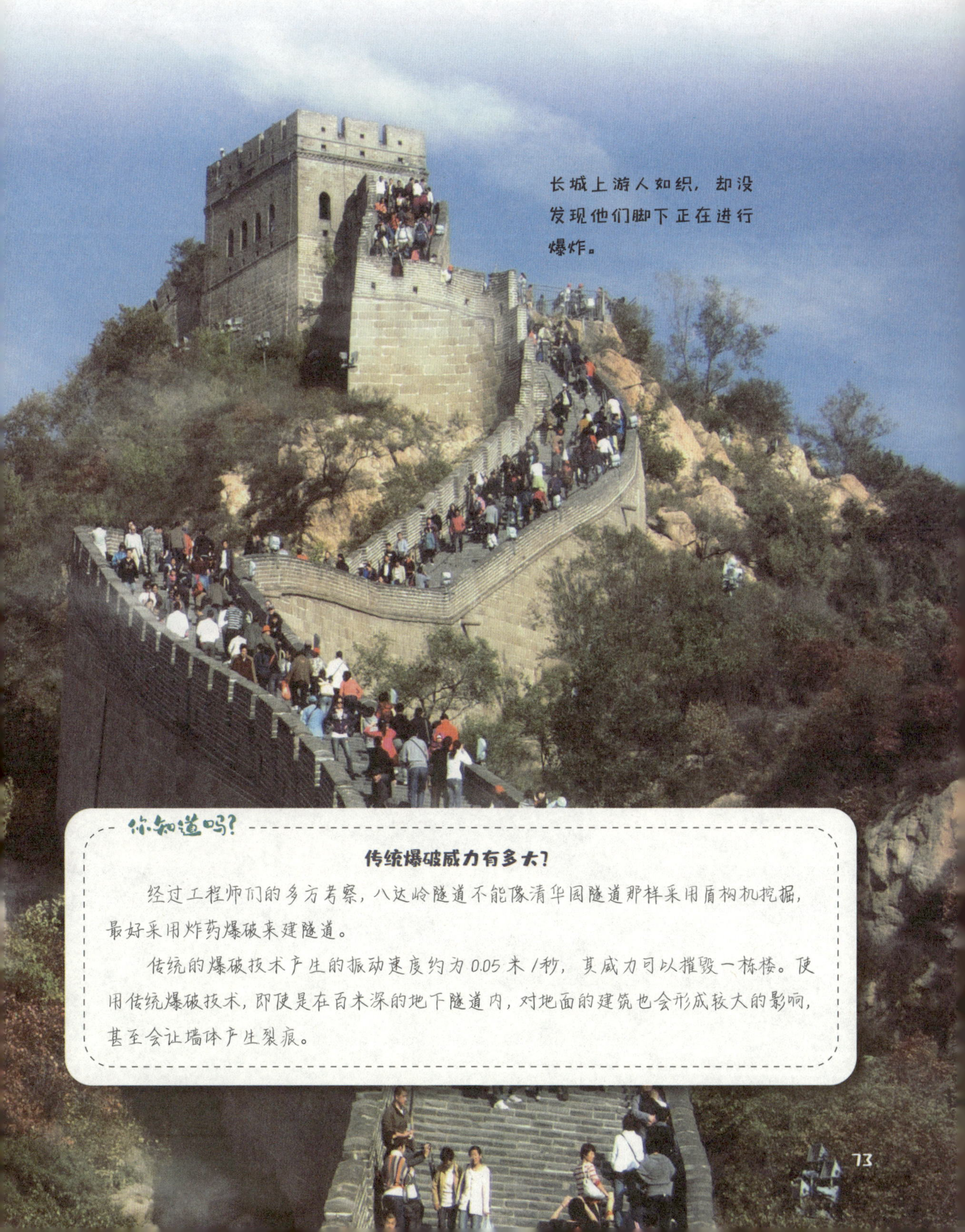

长城上游人如织，却没发现他们脚下正在进行爆炸。

你知道吗？

传统爆破威力有多大？

经过工程师们的多方考察，八达岭隧道不能像清华园隧道那样采用盾构机挖掘，最好采用炸药爆破来建隧道。

传统的爆破技术产生的振动速度约为 0.05 米/秒，其威力可以摧毁一栋楼。使用传统爆破技术，即使是在百米深的地下隧道内，对地面的建筑也会形成较大的影响，甚至会让墙体产生裂痕。

有了『蓝暖男』复兴号动车组和『绿巨人』复兴号动车组，复兴号家族不仅实现了运营速度从160千米/时到350千米/时全覆盖，而且实现了在普通电气化轨道上行驶动车组列车，这大大提高了旅客出行的舒适度，中国铁路也将全面迈进动车时代！

第四章 『蓝暖男』与『绿巨人』复兴号

复兴号家族新成员

“蓝暖男”上线运营

2020 年 12 月，中国标准动车组复兴号家族喜添“新丁”——“蓝暖男”（CR300）复兴号动车组正式上线运营。

CR400AF

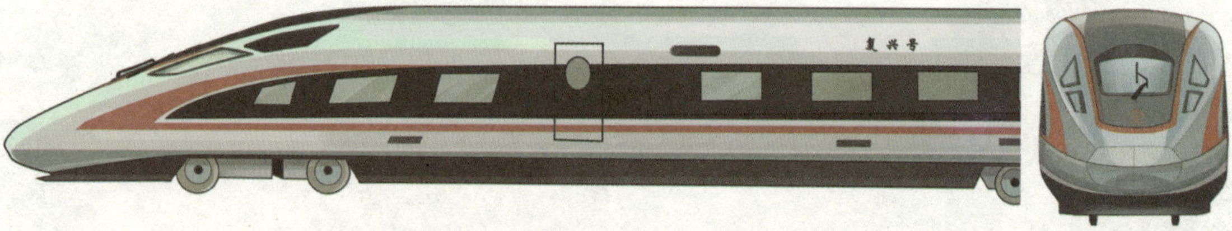

CR300AF

由于其淡蓝色的车身显得十分儒雅，所以被人们亲切地称为“蓝暖男”

CR400BF

CR300BF

复兴号对比图

还未变蓝的CR300AF/BF两款样车重联运行

互联互通

CR300AF/BF型复兴号动车组是在CR400AF/BF型复兴号动车组互联互通的基础上研制出来的。

零部件更统一

CR300AF与CR300BF零部件之间统一的比率比CR400AF与CR400BF之间提高了18%。

2020年12月15日上午9时30分，CR300BF型“蓝暖男”复兴号动车组首次抵达中国铁路西安局集团有限公司西安动车段，担负即将开通的银西（银川至西安）高铁旅客运输任务。

“蓝暖男”上线后，以前乘坐火车从银川至西安耗时达14小时，如今只需3小时，节约了11小时！

你知道吗？

高铁害怕雷电吗？

在轰隆隆的雷雨天，我们常常被告知不要逗留在室外，因为雷电很危险。那么在户外奔跑的高铁也害怕雷电吗？

是的，高铁也害怕被雷电击中。高铁以电能为动力来源，如果高铁被雷电击中，高铁的电路会瞬间产生过大的电流，从而导致高铁的电路系统损坏。

但坐在高铁中的人们，处于一个被金属壳包围的密闭安全环境中，电流会通过车体表面被导入地下，不会对车内乘客造成伤害。

复兴号时速“全覆盖”

“蓝暖男”复兴号动车组大大地方便了人们的出行。“蓝暖男”也是 4 动 4 拖的 8 辆编组动车组，但其车票要便宜一些，给广大旅客出行增加了一种选择。

“蓝暖男”CR300AF 和 CR300BF 型复兴号动车组的问世，正好完美填补了复兴号系列动车组在速度为 200～300 千米/时等级的空白。复兴号覆盖不同速度等级，可以给旅客提供不同的出行选择。

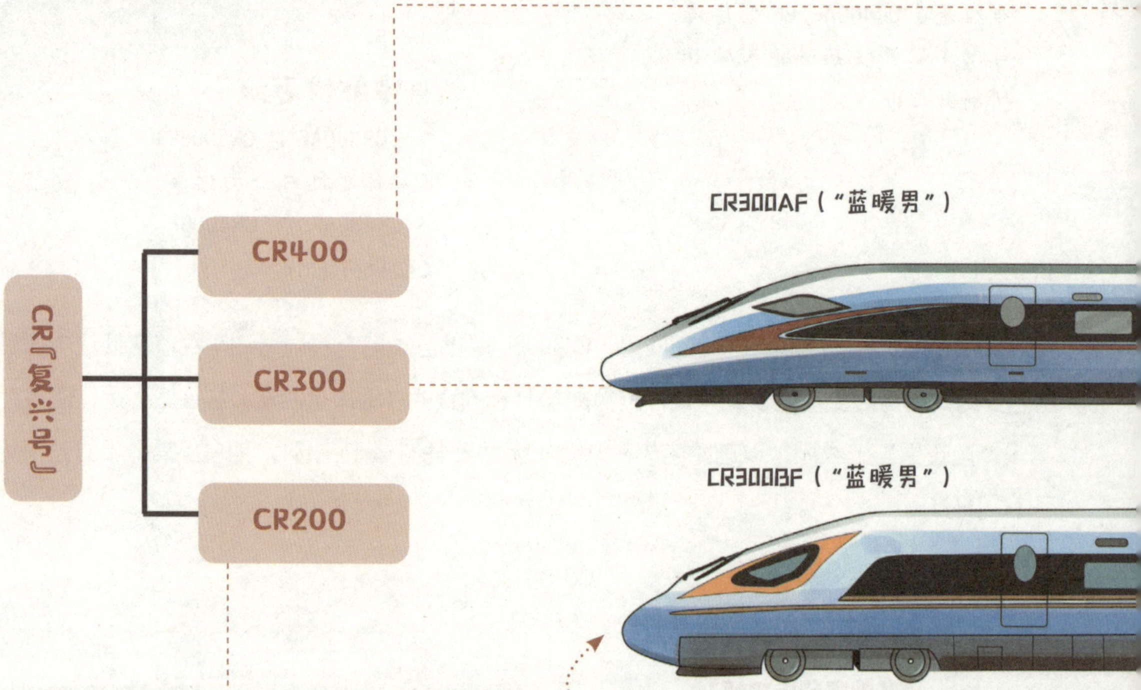

新问世的 CR300

中国高铁是先掌握了速度 350 千米/时的 CR400 型动车组的技术，然后才研发出来速度 250 千米/时的 CR300 型动车组的技术。

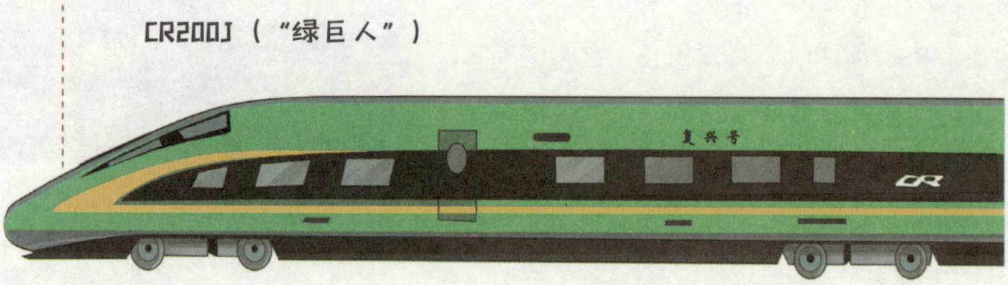

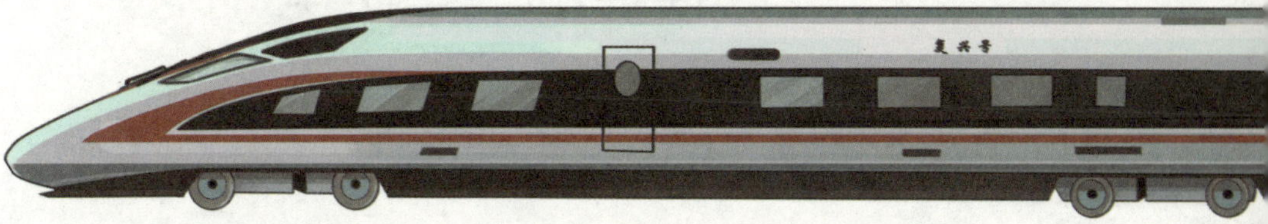

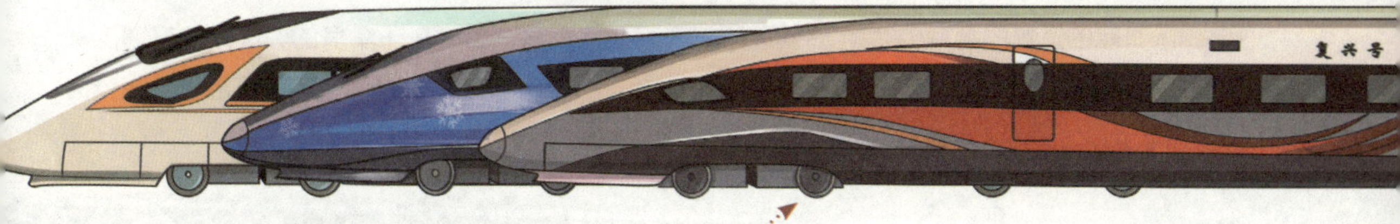

CR400

CR400复兴号有CR400AF（“红神龙”）、CR400BF（“金凤凰”）、CR400BF-C（“龙凤呈祥”“瑞雪迎春”）、CR400BF-G（“冰凤凰”）、CR400AF-G（“红神龙”高寒版）等。

你知道吗？

G、D、C字头列车

买高铁票的时候，会看到车次开头的大写字母，它们分别是什么意思呢？

G字头列车，是指高速动车组列车，G是“高”的意思；

D字头列车，是指普通动车组列车，D是“动”的意思；

C字头列车，是指城际动车组列车，C是“城”的意思。

便捷的“蓝暖男”

轻薄的铝型材

高铁的车身很轻，“身子”越轻，跑得越快。根据相关研究，交通工具的重量每减少10%，所消耗的燃料就会减少8%。高铁之所以有轻便的车身，秘密在于车身的外壳——轻薄的铝型材（铝合金型材）。它是由一块圆柱形的铝锭，通过万吨级的挤压机挤压出来的，铝锭被挤压成薄薄的“铝片”，就可以进行焊接了。

万吨级挤压机

把铝锭放到挤压机上，铝锭被挤压轴挤进挤压机。

铝型材挤压机的挤压力能达到上万吨，相当于2 000多头大象产生的压力。

铝锭

铝锭直径0.56米、重达1吨。

万事开头难，轻薄的铝型材制造也见证了复兴号从无到有的过程，因为这项技术是外国人一直以来刻意保守的秘密。

铝锭被加热到500℃时，会像面团一样格外的柔软，但是温度也不能过高，否则铝型材会熔化。

轻薄的铝型材想要制造成功，关键是要保持铝锭温度在500～550℃之间。

铝锭的温度取决于挤压的速度，而非加热装置，因为挤压铝锭会释放出大量的热量，工程师们必须掌握铝锭的挤压速度，来保持铝锭恒温。

为了掌握挤压速度的参数，工程师们做了上万次试验，才一点点突破技术难关，从“一无所知”到“了如指掌”，并且还自主研发出来一台万吨级铝型材挤压机。

你知道吗？

铝

铝属于轻金属，其密度约为钢的1/3。虽然铝的价格高昂，但是由于其重量非常轻，高铁运营起来后会节省能源消耗，总运营成本还是下降的。

铝的可塑性非常好，因为其熔点低，液态铝流动性能好，所以容易制作成各种复杂结构的零件，而且还能保持质轻的特点。

铝还可以百分百回收。当车辆报废时，铝会被全部回收再利用。循环利用的特性可以大大节约能源消耗。

虽然纯铝的强度很低，但铝合金的出现让铝不再“文弱”。铝合金密度小、强度高，这一材料很适合用在高铁的车身上。

铝型材

另一端长长的铝型材像面条一样被压出来。一个铝锭能压成约25米长的铝型材。

将制作出来的铝型材交给机器人进行焊接，最后形成轻质的车身。

包容、体贴的“蓝暖男”

“蓝暖男”还有很多人性化的设计，“蓝暖男”的车厢里安装了大量的智能化设备。

比如，当你急着回家过年而买到一张无座火车票的时候，中途站累了是不是很渴望找个空座位坐一会儿？体贴的“蓝暖男”复兴号增加了座位信息显示系统，能查看到座位的销售状态，如果某个座位显示没有销售，你就可以放心地坐下啦。

座位信息

行李架下的座位指示灯，亮红灯表示该座位“有人”；亮绿灯表示该座位“无人”；亮黄灯表示该座位下一站“有人”，当前处于无人的“预售”状态。

绿色环保

列车卫生间使用水箱回收废水、污水，实现绿色环保。

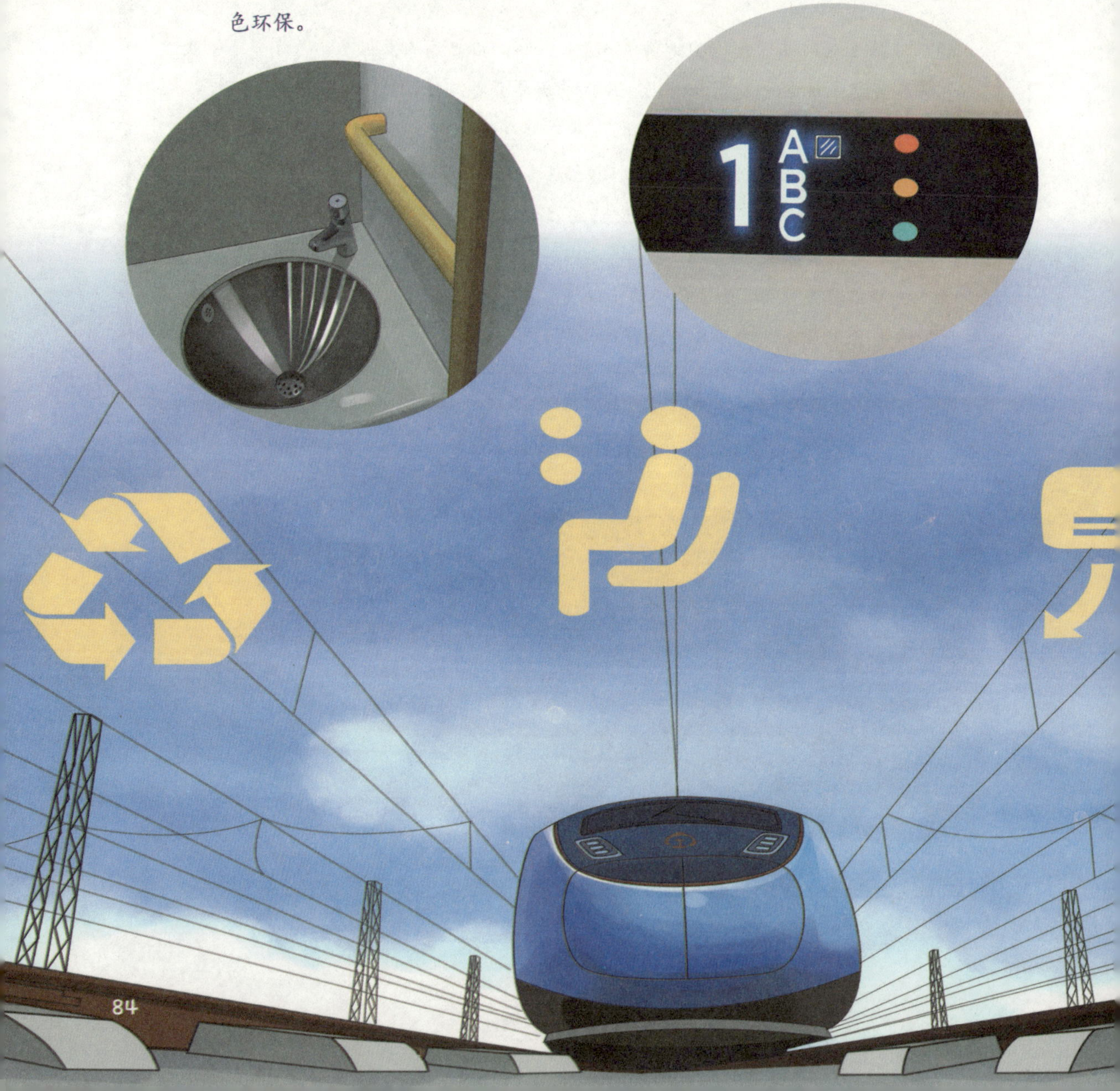

你知道吗?

高铁刹车

汽车刹车是用脚来操作，高铁刹车不用脚踩，而是用手操作，并且高铁刹车时不会立马停下来，需要滑行很长一段距离。

高铁驾驶室中有两个手柄，一个是牵引手柄，用于提速；一个是刹车手柄，用于减速、刹车。高铁快到站了，驾驶员扳动刹车手柄后，高铁计算机系统会根据速度算出刹车所需要的力，然后命令制动系统输出相应的力来进行刹车。

速度为 300 千米/时的高铁列车，紧急制动距离长达 2 500 米呢。

空调系统

车厢内的空调可智能调节，让旅客感到更舒适。

“金凤凰”和“红神龙”虽然跑得“飞快”，但是它们对铁路的要求比较高，普通的铁路运行不了“金凤凰”与“红神龙”，但是“蓝暖男”能在一些既有的电气化铁路上运行。

“蓝暖男”复兴号的速度虽然从 350 千米/时降到 250 千米/时，但是其可以在一些基础铁路上运营，对铁路的“包容性”很强。

无线网络及电源插口

车厢里有无线网络及电源插口，满足人们上网、充电等需求。

中国铁路设计工程师曾表示：『京沪高速铁路的勘察，是从1992年开始的，最早是京津段，使用卫星定位测量技术，沿线每隔30千米左右，我们就布了几段GPS点。从那时候就开始搭导线、测地形，开始做勘测。』

“绿巨人”

动力集中型动车组

复兴号家族还有一位醒目的成员——“绿巨人”，2019 年 1 月 5 日投入运营。

和“红神龙”“金凤凰”“蓝暖男”等复兴号不同的是，“绿巨人”是动力集中型动车组。

“绿巨人”

“绿巨人”代码为 CR200J。

200 代表设计最高速度为 200 千米/时，但实际运营最高速度为 160 千米/时。

J 代表动力集中型动车组。

“绿巨人”分短编组和长编组两种型号。短编组为 9 辆编组车厢；长编组从 11 辆到 20 辆编组车厢不等。

编组的长短要在出厂前设定，出厂后就不可更改列车的编组数了。

你知道吗？

“绿巨人”属于动车组吗？

“绿巨人”的运营速度没达到 200 千米/时，还不属于高速列车，但是它属于动车组吗？

所谓动车组，是由两个及以上自带动力的车厢和若干不带动力的车厢（拖车）组合而成的不可更改编组数的列车。“绿巨人”符合这些条件，所以“绿巨人”属于动车组。

动力

“绿巨人”的动力集中在两端，并没有分散到不同的车厢中。

普速铁路将进入“动车时代”

别看“绿巨人”奔跑速度不快，但是和其他复兴号动车组相比，“绿巨人”的优点特别突出：几乎可以适应所有普通电气化铁路。

蒸汽机与内燃机

以前铁路上可是蒸汽机与内燃机的天下，它们并不靠铁路两侧接触网来获取电能。

由于铺设的年代不同，执行的标准也不一样，普通铁路即使改造成为电气化铁路，也不一定能适应所有复兴号。

运营速度 250 千米/时以上的复兴号对其“脚”下的铁路很“挑剔”，达不到标准就不上去跑。

但“绿巨人”几乎可以适应所有普通电气化铁路。像一些地形复杂的线路也有望通过改造而适应动力集中型的复兴号，所以，普速铁路将进入“动车时代”。

你知道吗？

电气化铁路

电气化铁路是指供电力驱动的机车运行的铁路，沿线配套相应的电气化设备（如接触网）。

普通铁路需要改造成电气化铁路，才能供复兴号这种电力机车使用。

“中国芯”

复兴号的心脏——IGBT 芯片

IGBT 芯片被认为是工业生产的核心。庞大的高铁要靠小小的芯片来驱动，所以我们常说 IGBT 芯片就是高铁的“心脏”。

IGBT 芯片的全称是 insulated gate bipolar transistor—— 绝缘栅双极型晶体管。它在高铁运行的过程中，精确地控制着交流电动机的输出、直流电与交流电之间的转换、驱动系统的运行、整车输出功率的调整等。

IGBT 芯片

高铁的最高时速能达到多少，加速能多快，电能转化效率有多高，供电是否平稳等，都由 IGBT 芯片来决定。

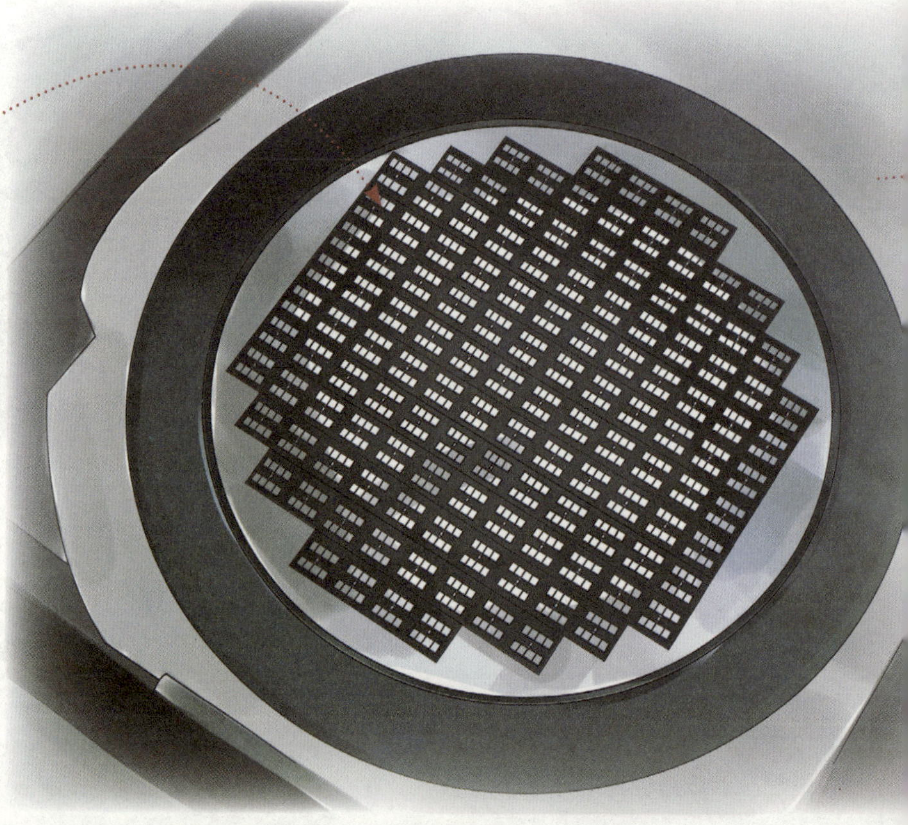

晶圆

IGBT 芯片分布在晶圆面上，每片晶圆的厚度只有 50 微米，大概是头发丝直径的一半，并且每个芯片都是由 5 万个微米级大小的元胞组成的。

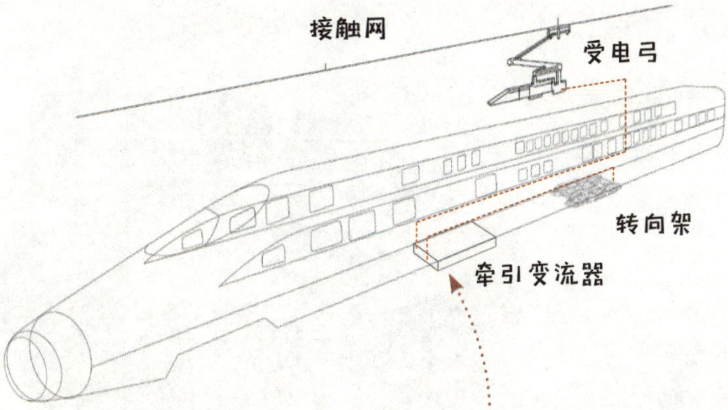

电流转换

高铁运行时，受电弓从接触网中获得的是交流电，然后电流传到车厢底部的牵引变流器中，转化成直流电。

牵引变流器

IGBT 芯片是作为牵引变流器的电力电子器件被安装在车厢底部的。中国已掌握“IGBT 芯片—IGBT 模块—牵引传动系统”的全链条自动化技术。

类似开关

IGBT 芯片和我们平时房间里电灯开关所起的作用很像，但不同的是，IGBT 芯片可以强大到能在百万分之一秒内实现电流开关的开通或者关闭，还能承受相当于 4 000 台空调同时工作的电流。

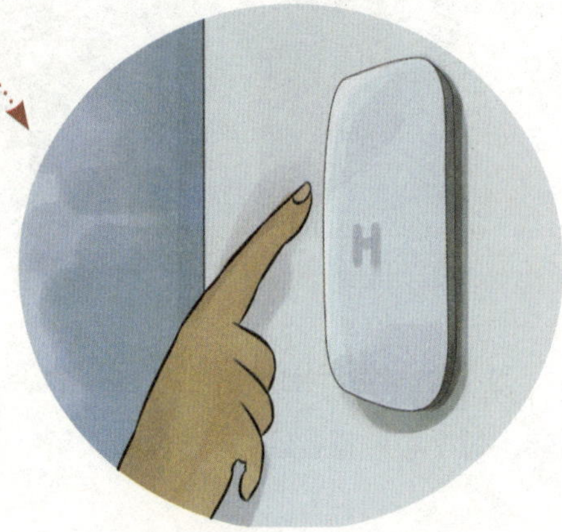

集成电路芯片

IGBT 芯片和普通的集成电路芯片是不一样的。集成电路芯片主要作用是处理信息，一般工作时候的电压很低。IGBT 芯片工作时的电压非常高，电流也是非常大的，并且周围的温度也“居高不下”。

如此强大的芯片是如何生产出来的呢？

位于我国中南部的城市——株洲，有一个IGBT芯片生产工厂。这里的生产车间除了要求恒温恒湿，还对环境的洁净度有着十分苛刻的要求。

干净的生产车间

进入工厂的人们都要“全副武装”——穿防护服。毫不夸张地说，芯片的生产车间比医院的ICU病房还要干净。

自动化生产

芯片的生产采用机器人手臂等自动化程序。

为了确保生产出来的芯片可以在高铁上安全运转，每个芯片都要经过一系列的“考验”。

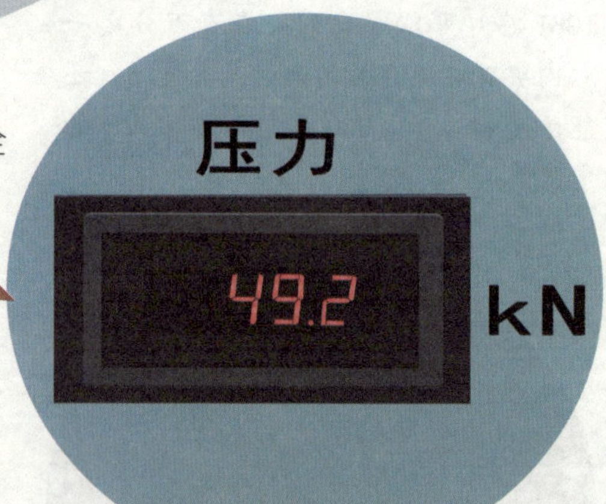

层层试验

在以下试验中看芯片是否能正常运转：把5吨（相当于3台汽车）的压力施加在IGBT芯片上；把芯片放到上至150℃、下至-40℃的环境中，并且温度在这两个极端循环往复变换1 000遍。

真金不怕火炼，通过层层的试验，芯片依然正常运转，才能在高铁上应用！

自主创新，不受制于人

制造芯片属于核心技术，外国人是不会告诉我们的。曾经我们国家需要花高价从外国人手里购买芯片，一列 8 辆编组的高铁列车就需要 152 个 IGBT 芯片。如何掌握 IGBT 芯片的制造技术，不再受制于人，成为摆在中国人面前的一道严峻问题。

因为芯片技术研究是一项投入极大的项目，如果研制不成功，前期投入的几十亿元将付之东流，所以研制芯片相当于背水一战。

例如，一个如何散热的问题，就能让科研人员“挑灯夜战”4 年的时间。

IGBT 一体化模块

IGBT 一体化模块是高铁列车和大功率机车中最神奇的部件之一。这个比人手掌略大的 IGBT 模块，由 8 个指甲盖儿大小的芯片封装而成。

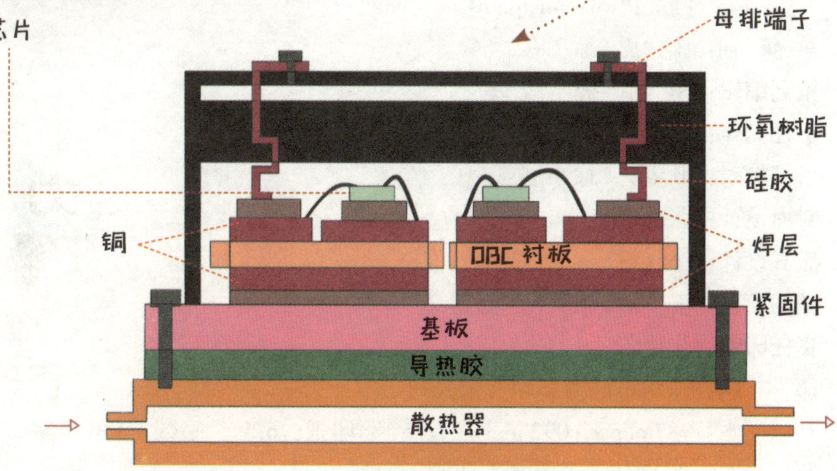

IGBT 封装示意图

小小的芯片，蕴含着诸多技术难点。中国科学家把芯片技术分成 30 多个课题来研究，集众多科研人员的智慧，经过近 10 年的打磨，中国终于掌握了芯片的核心技术。正是科研人员不畏艰难、持之以恒的精神，才成就了今天的“中国芯”。

图书在版编目（CIP）数据

中国高铁 / 陈馈，王江卡，周蓓主编 . — 郑州：河南科学技术出版社，2022.1（2023.4重印）
（中国超级工程丛书）
ISBN 978-7-5725-0729-8

Ⅰ . ①中… Ⅱ . ①陈… ②王… ③周… Ⅲ . ①高速铁路 – 中国 – 青少年读物 Ⅳ . ① U238-49

中国版本图书馆 CIP 数据核字（2022）第 016915 号

中国高铁

出版发行：河南科学技术出版社
地址：郑州市郑东新区祥盛街 27 号 邮编：450016
电话：（0371）65788613 65788642
网址：www.hnstp.cn
总 策 划：张 勇 徐 春
策划编辑：牟 斌 薛 雪
责任编辑：刘燕芳 薛 雪 许逸舒 牟 斌
责任校对：耿宝文 徐小刚
封面设计：张德琛
版式设计：小红帆
插图绘制：姜 雨 王美伦 赵博文
责任印制：张艳芳
印 刷：三河市同力彩印有限公司
开 本：787 mm × 1 092 mm 1/16 印张：6.5 字数：150 千字
版 次：2023 年 4 月第 4 次印刷
定 价：98.00元